渤海系列丛书

———— 丛书由渤海大学资助出版 ————

本书是2019年辽宁省教育厅人文社会科学青年项目"辽宁警察教育研究（1901—1945）"研究成果（项目号：WQ2019007）

辽宁警察教育研究

1901—1931

王　香——著

辽宁人民出版社

图书在版编目（ＣＩＰ）数据

辽宁警察教育研究：1901—1931 / 王香著 . — 沈
阳：辽宁人民出版社，2024.7
　（渤海系列丛书）
　ISBN 978-7-205-10842-7

　Ⅰ.①辽… Ⅱ.①王… Ⅲ.①警察—教育史—研究—
辽宁—1901-1931 Ⅳ.① D631.15

中国国家版本馆 CIP 数据核字（2023）第 164322 号

出版发行：辽宁人民出版社
　　　　地址：沈阳市和平区十一纬路 25 号　邮编：110003
　　　　电话：024-23284321（邮　购）　024-23284324（发行部）
　　　　传真：024-23284191（发行部）　024-23284304（办公室）
　　　　http://www.lnpph.com.cn
印　　刷：辽宁新华印务有限公司
幅面尺寸：170mm × 240mm
印　　张：13.75
字　　数：200千字
出版时间：2024年7月第1版
印刷时间：2024年7月第1次印刷
责任编辑：郭　健　张婷婷
装帧设计：留白文化
责任校对：吴艳杰
书　　号：ISBN 978-7-205-10842-7

定　　价：98.00元

渤海系列丛书
编委会

主　任　赵　晖

副主任　刘　贺　崔向东

委　员　温荣刚　潘德昌　李凤营　吴凤霞

　　　　赵　阳　赵红梅　庞宝庆

序

序

渤海大学一直非常重视内涵建设，人文社会科学相关学科与专业获得长足发展。尤其是在历史学科的牵头之下，渤海大学人文社会科学所组建的科研团队，不断产出高水平学术成果，其范围涵盖东北亚问题、国家安全问题、历史与民族问题、中华民族共同体问题等领域。经过多年的建设，在科研团队的共同努力下，形成鲜明的特色研究方向，服务社会的能力不断提高。

习近平总书记指出："东北地区是我国重要的工业和农业基地，维护国家国防安全、粮食安全、生态安全、能源安全、产业安全的战略地位十分重要，关乎国家发展大局。"这里所指出的东北发展五大安全战略，不仅为东北振兴指明方向，更重要的是指出维护国家安全是全国各族人民根本利益所在。

其时恰逢教育部进行学科设置调整。2021年1月，国务院学位委员会、教育部印发通知，新设置"交叉学科"门类，成为中国第14个学科门类。由此开始，"国家安全学""区域国别学"等相继列入"交叉学科"目录。这种设置既是教育部在学科建设布局上的最新引领，更是高校下一步进行人才培养与开展科学研究的最新指导。

为配合东北发展五大安全战略和推进新兴交叉学科建设，渤海大学成立国家安全研究院，在"总体国家安全观"指导下，统筹规划原有的教育部国别和区域研究中心——东北亚研究中心、国家民委基地——渤海大学中华民族共同体研究中心以及"辽海发展高端智库"（与中国社会科学院中国边疆

研究所合作共建）诸多平台的建设，同时利用民族学博士后流动站科研基地
（与广西民族大学合作共建）和世界史博士后流动站科研基地（与延边大学
合作共建）进一步整合科研团队，发挥已有优势，突出特色研究方向。

"知今而不知古，谓之盲瞽；知古而不知今，谓之陆沉。"为了高质量
发挥高校人才培养、科学研究和服务社会的基本职能，需要对历史与现实进
行全面而深刻的认识。因此，为进一步加强渤海大学历史学等传统学科的可
持续发展，进一步推进"国家安全学"和"区域国别学"等交叉学科的融合
发展，学校决定出版"渤海系列丛书"。本丛书以"总体国家安全观"为宗
旨，书稿内容涉及东北边疆、民族、历史、文化、经济、生态、能源、产业
等各个领域，涵盖各个学科。"渤海系列丛书"面向校内外专家征稿，每年
出版一辑，确定一个相对具体的主题，连续出版。我们希望通过出版"渤海
系列丛书"，进一步凝聚学术团队，提升渤海大学国家安全学研究水平，推
动学科建设，更好地服务于东北五大安全战略，为东北全面振兴做出应有的
贡献。

2023年4月20日

目　录
Contents

绪　论

　　中国古代已有类似警察的机构和职员，但近代意义上的中国警察在晚清新政时期才开始出现。目前，与警察相关的研究已取得丰硕成果，涉及制度、思想、机构、人物等方面。其中，警察教育成果集中在教育思想、教育机构、教育制度与教育人物上，涵盖北京、天津、上海、广东、河南、甘肃等地。近代辽宁地区警政建设具有一定的代表性，但学者对其关注度较低，与警察教育相关的研究成果更加薄弱。为"确保公安工作坚定正确政治方向，坚持改革创新"[①]，"教育全警牢固树立正确的世界观、人生观、价值观"[②]，必然要从警察教育抓起，以史为鉴，总结经验与教训，推动国家现代化建设。

第一节　选题缘起

　　警察是"国家的历史伴生物"，是"国家权力的特征和标志"，是"国家权力能释放的保证"，又是"权力、权威以及冲突的协调者"，是沟通国

[①]《奋力书写人民公安新篇章——习近平总书记在全国公安工作会议上的重要讲话在公安战线引起热烈反响》，光明网，https://m.gmw.cn/baijia/2019-05/09/32817247.html，访问日期：2020 年 7 月 8 日。

[②]《习近平出席全国公安工作会议并发表重要讲话》，中国政府网，http://www.gov.cn/xinwen/2019-05/08/content_5389743.htm，访问日期：2022 年 12 月 10 日。

家和社会的桥梁。①因此，警察具有鲜明的政治性和服务性，对警察进行健全的思想教育与勤务教育，是维护国家安全、社会秩序稳定，保障人民生活幸福的重要基础。我们研究近代辽宁警察教育问题，聆听历史，领悟历史，有助于推动当代辽宁警察教育发展。

首先，近代辽宁警察教育研究是辽宁警察史及东北警察史的重要组成部分。辽宁地方政府十分重视警察教育，晚清时期积极创办警察学校和培训机构，推动警察教育近代化。民国时期，奉系军阀一方面要强化区域治理，一方面要与直皖等军阀争夺国家资源，警察水平提升有助于奉系军阀扩张势力，因此，民国时期辽宁省警察教育发展较快。笔者梳理了目前学界现有研究成果，发现与近代辽宁警察教育相关的研究成果较少，无法探知历史面貌，获得历史经验与教训，因此，需要增强研究力度与深度，拓宽研究广度。

其次，近代辽宁警察教育研究具有较强的现实意义。《中共中央关于进一步加强和改进公安工作的决定》指出，要加强公安民警教育训练，提高现有公安队伍的政治、业务素质和实战水平。公安部也下发了《人民警察训练条令》《采取有效措施防止和减少民警因公伤亡的通知》《关于全面推进全国公安民警大练兵的意见》等文件和通知，明确指出要加强公安民警的警务技能训练，加强在职教育训练，以提高公安队伍的整体素质和实战能力。2019年5月初，习近平同志在全国公安工作会议上强调：新的历史条件下，"坚持政治建警、改革强警、科技兴警、从严治警"，为决胜全面建成小康社会、实现"两个一百年"奋斗目标和中华民族伟大复兴的中国梦创造安全稳定的政治社会环境。②由此可见，警察是国家治理和维护社会治安的重要力量，警察群体素质关系到警察勤务状况，只有对辽宁警察教育进行纵向考察，知历史，观当下，才能大力提高当代警察教育水平，增强公安队伍整体

---

① 王智军：《警察的政治属性》，社会科学文献出版社 2009 年版，第 5—6 页。
② 《习近平出席全国公安工作会议并发表重要讲话》，中国政府网，http://www.gov.cn/xinwen/2019-05/08/content_5389743.htm，访问日期：2022 年 12 月 10 日。

素质。

邹容在《革命之教育》中，将国家兴亡与教育兴衰联系起来："美国未革命以前，其教育与英人等，此兴国之往迹，为中国所未梦见也。吾闻印度之亡也，其无教育与中国等，犹太之灭也，其无教育与中国等。此亡国之往迹，我中国擅其有也。"①"不关注影响现实的历史问题，不关注多数人因历史引发的情感诉求，不关注影响国家走向的坐标性事件，史学研究的价值必然会大打折扣。"②广泛地搜集、整理资料，严谨地分析考证，利用历史学、教育学、政治学、社会学等多学科交叉的方法，最终呈现近代辽宁警察教育原貌，探寻东北边疆时空下警察教育的特征与经验、教训，凸显警察教育与国家、社会变迁之间的关系，是近代辽宁警察教育研究需要肩负的使命。

第二节　警察教育研究综述

鸦片战争后，国门渐开，民族危机日益严重。清统治者为挽救垂危的政权，将西方诸国施行的警察制度引入新政中，谕令从中央到地方建立警察体系，整顿社会治安，以增强政府对社会的管控力度。民国时期，警政建设大幅发展，与警察相关的学术研究也取得显著成果，如陈允文的《中国的警察》③、胡存忠的《中国警察史》④、赵修鼎的《警察行政》⑤、林东海的《外事警察与国际关系》⑥等。1949年到20世纪70年代末，中国鲜有近代警察

---

① 舒新成编：《中国近代教育史资料》，人民教育出版社1981年版，第1015页。
② 范丽红主编：《"九一八"研究》第16辑，辽宁人民出版社2017年版，第3页。
③ 陈允文：《中国的警察》，商务印书馆1935年版。
④ 胡存忠：《中国警察史》，中央警官学校1937年版。
⑤ 赵修鼎：《警察行政》，商务印书馆1927年版。
⑥ 林东海：《外事警察与国际关系》，商务印书馆1937年版。

史研究的学术成果发表。80年代以后，随着社会控制、社会问题、社会治理等理论开始为历史学者关注，警察史研究成果逐渐丰硕起来，警察教育成果位列其中，不容忽视。

一、近代中国警察教育研究现状

近代中国警察教育研究伴随警察教育的施行而兴起，目前，已经取得丰硕的成果，下文以时间线索为经、学者论著为纬，对警察教育研究现状进行考察，揭示其特点与未来趋势。

第一阶段：晚清时期，警察走入时人视野，出现对警察制度与警察现象的记述。

鸦片战争后，"英国的大炮破坏了中国皇帝的权威，迫使天朝帝国与地上的世界接触"[1]，西方警察制度在此过程中走进国人视野，租界警察率先引起关注。在《沪游杂记》中，葛元煦描述了上海租界工部局与巡捕房等警察机构："工部局英、法两租界皆有之，董其事者皆西商公举之人。由董事立巡捕头目，分派各种职司。如修填道路，巡绰街市，解押人犯，救火恤灾等事。……英工部局在棋盘街北，法工部局在法界大马路西。""英工部局分设巡捕房二：一在美国租界，一在盆汤弄中。法工部局分设巡捕房二：一在小东门码头，一在八仙桥东。遇有要事，电报传信，迅速无比。"[2]郑观应认为，警察"实于地方民生大有裨益，诚泰西善政之一端也"[3]。陈炽、何启、胡礼垣、康有为等人也关注并推崇西方警察制度；黄遵宪借鉴日本经验，开办湖南保卫局，将西方警察制度实地践行。清末新政前，国人对西方警察制度由初步认识走向实践，但对警察教育问题关注不足。

《辛丑条约》签订后，清政府推行新政，谕令移建警察制度，警察教

---

① 《中国革命与欧洲革命》，《马克思恩格斯选集》第2卷，人民出版社1972年版，第3页。

② 葛元煦：《沪游杂记》卷1，上海古籍出版社1989年版，第12页。

③ 郑观应：《盛世危言·巡捕》，夏东元编：《郑观应全集》上册，上海人民出版社1982年版，第512页。

育用书开始印刷出版，警察学理论方面的有《警察讲义录》^①《警察学大意》^②；学科方面的代表作是《警察学》^③一书，系统地阐述了"警察的性质、机构、职能等方面的内容"^④。此时期警察教育成果仅体现在教科书上，但教科书是时人对西方警察学的译介，间接融入学人对警察教育的认识。

第二阶段：民国时期，警察教育研究因警政建设发展而逐步繁荣。

民国时期，警界学者为推动警察行政建设，对警察制度、警察勤务、警察法等进行研究，具体表现在警察在中国的起源与沿革、警察制度的发展与演变、警察权及其基础、警察选拔与任用、警察实务中的各类问题等。警察教育是警政建设的重要组成部分，警察学方面的图书也随之增多，主要针对"警务教育的实际需要，介绍警察法规、各项警察业务等专业知识"^⑤。马鸿儒编著的常识类警察用书《警察权之研究》共分为3编：第1编介绍警察的沿革、意义、种类、制度、警察权的基础及界限、警察的组织、作用及其行政救济等9章；第2编记述保安、建筑、交通、风俗、营业、水上、产业、户籍、卫生、外事、消防、司法等12章；第3编分勤务常识、侦探学、指纹法、捕绳术、理化学鉴定、警察常识问答等6章。^⑥警察教育方面取得的成果之一，即各地警察教育机构为满足警察教育需求，分别编写了适应其区域使用的教材或讲义，以警察学基础知识介绍为主要内容，辅以区域警察建置中应掌握的知识与技能。例如，青岛市公安局警士教练所编的《警察学》，论述了警察权的基础，警察的种类、组织、作用，并具体介绍了行政警察、司法警察^⑦；河北省会公安局警察教练所编的《警察大意讲义》，除绪论外共7

① 李凌云：《警察讲义录》，商务印书馆1906年版。
② 杨书宝编：《警察学大意》，商务印书馆1906年版。
③ 作新社译：《警察学》，作新社1903年版。
④ 陈静：《中国警察史研究的回顾与展望》，《学理论》2011年第16期，第165页。
⑤ 彭雪芹：《纳民轨物：晚清巡警道研究》，中山大学2010年博士学位论文，第2页。
⑥ 马鸿儒编著：《警察权之研究》，天津大公报汉口分馆版，1935年。
⑦ 青岛市公安局警士教练所编：《警察学》，1932年。转引自戴文殿主编：《中国公安图书总目》，中国人民公安大学出版社2007年版，第784页。

章，讲述了警察意义、警察种类、警察机关、警察权基础及界限，警察作用及警察作用之行政救济等[1]；上海市公安局编的警士教练所讲义《警察要旨》，指出警察的意义、沿革、机关、性能、分类、权利、义务、责任、警察行为及各类警察[2]。成果之二，即从事警察教育实践和研究的学者大量翻译外国警察著述，部分成果被用于警察教育教学中。例如，何维道译述的《警察学》，根据日本人渡边、鲛岛、植松等所著警察法教科书编译而来，共2编，首编泛论警察法的行政，警察的定义、种类，警察机关及警察权等，二编分述行政警察及司法警察的职责。[3]李士珍、余秀豪等警政兼教育精英，对本国警政研究颇有贡献，其中包括警察教育方面的考察。如李士珍的《警察行政之理论与实践》一书的第五章对警察教育的历史进行回溯，对民国当时警察教育进行概括总结，对未来发展提出展望。[4]

第三阶段：新中国成立后，受国情影响，警察相关研究一度停滞，20世纪90年代后警察教育研究日渐发展，并逐步呈现繁荣势头。

警察教育是近代警政建设的重要环节，教育发展程度影响警察素质高低与勤务水平臧否，进而影响国家政权是否稳定。20世纪50年代至70年代，"大陆学界对中国警察史的研究处于空悬状态。此时期，台湾也仅有少量的论著出现"[5]。王家俭的《清末民初我国警察制度现代化的历程（1901—1928）》具有代表性，该书主要介绍清末民初中央与地方警察制度的发展历程，对警察教育做了简要的评价，指出"民初的警察教育不如清末之受重视。清末时期，警察教育不论京师及各省会，均设有高等巡警学堂及巡警教练所。各州县地方也大多有教练所的设立。民国成立后，数量大减，不及前

---

① 河北省会公安局警察教练所编：《警察大意讲义》，协成印刷局1933年版。转引自戴文殿主编：《中国公安图书总目》，中国人民公安大学出版社2007年版，第784页。

② 上海市公安局编：《警察要旨》，上海市公安局1934年版。转引自戴文殿主编：《中国公安图书总目》，中国人民公安大学出版社2007年版，第784页。

③ 戴文殿主编：《中国公安图书总目》，中国人民公安大学出版社2007年版，第786页。

④ 李士珍：《警察行政之理论与实际》，中华警察学术研究社1948年版，第68—91页。

⑤ 陈静：《中国警察史研究的回顾与展望》，《学理论》2011年第16期，第166页。

之一二"①。

改革开放之后，尤其是20世纪90年代以后，中国警察史研究发展迅速，1990年到2000年间，"专著有6本、期刊文章15篇、硕士论文4篇"②，主要侧重警察制度研究。2000年后，从事警察研究的学者不断增多，刊发了大量的学术论文，并出版了一定数量的著作。从内容上看，研究热点集中在警察制度、警察教育、警察经费、警察与地方士绅的关系、警察近代化、警察法、警政思想、警政人物等方面。从地域上看，研究热点集中在沿海城市和内陆城市，如上海、广州、天津、山东、河南等地，而辽宁地区研究相对薄弱。警察教育方面的研究成果很丰富，聚焦于晚清与民国两个时期，以警察教育机构、教育思想、区域教育、教育制度及其近代化等为考察切入点，具体如下：

首先，警察教育机构研究成果以京师警务学堂为主，地方警务学堂、训练所为辅。袁广林对京师警务学堂作了专题性研究，考察了教学工作、学生工作，认为其为清末全国开办警察教育树立了榜样，为后世的警察教育奠定了基础。③肖朗、施峥考察了中国近代高等警察教育的总体情况，指出1901年创立的京师警务学堂是中国第一所近代警察教育机构，也是清末最大的警察教育基地④；对日本教习与京师警务学堂关系作了专题性研究，关注日本教习的聘用、在学堂中的教习与管理活动、待遇问题，认为主权仍操于清政府，"作为中国最早的近代警察教育机构，京师警务学堂为清末各地警察学校的创办提供了可资借鉴的模式，对中国近代警察教育和警政建设产生了较大的影响"⑤。王越天的《北洋政府时期警察传习所研究》一文，考察了北洋政府时期警察传习创办的背景、培养模式与毕业分配形式、各省警察传习所

---

① 王家俭：《清末民初我国警察制度现代化的历程（1901—1928）》，台湾商务印书馆股份有限公司1984年版，第137页。
② 段锐、刘贝：《中国近代警政史研究综述》，《江苏警官学院学报》2013年第1期，第48页。
③ 袁广林：《中国近代警察教育的滥觞——京师警务学堂》，《公安教育》2006年第7期。
④ 肖朗、施峥：《中国近代高等警察教育综论》，《浙江大学学报》2007年第1期。
⑤ 肖朗、施峥：《日本教习与京师警务学堂》，《近代史研究》2004年第5期，第32页。

实践情况及历史定位，认为“警察传习所的开办加强了中央警察教育的控制力，提高了警察官吏的素质，储备了一大批警政人才，为北洋政府警政统一奠定了一定的基础，发挥了警察教育在警政建设中的先导作用”①。

其次，警察教育思想研究方面，学者柳卫民作出了显著贡献，他分别考察了黄遵宪②、张之洞③、岑春煊④、张謇⑤、丁振铎⑥、徐世昌⑦的警察教育思想，对其思想来源、思想表现和实践进行分析，肯定其历史价值。如在《徐世昌警察教育思想探析》一文中，作者充分肯定徐世昌对近代中国警察教育工作的突出贡献，认为徐世昌非常重视警政建设及警察教育工作，组建警察教育行政机构，开办警务学堂，兴办警察高等教育，重视警察学术发展，通过这些举措，不仅培养了大批警察专门人才，而且推进了清末民初警察事业的发展，同时促进了中国警察教育的近代化进程。刘锦涛的《袁世凯警政思想初探》《论袁世凯警政思想历史借鉴意义》两文指出，袁世凯警政思想受早期改良派和资产阶级维新派思想影响、应庚子之变后的危局而生，认为只有警察教育才能兴警，警务“欲精益求精，非设学堂不足以资考校”⑧，使直隶警察教育成为中央及各省转向效法的楷模⑨。民国学者李士珍的警察教育思想也受到了当代研究者的广泛关注⑩，主要围绕其警察教育思想来源、内容、意义几方面展开，认为李士珍的警察教育思想推动近代警察教育发展，为警

① 王越天：《北洋政府时期警察传习所研究》，东北师范大学2021年硕士学位论文，“摘要”，第I-II页。
② 柳卫民：《试论黄遵宪警察教育思想》，《中国电力教育》2010年第3期。
③ 柳卫民：《试论张之洞的警察教育思想》，《湖北警官学院学报》2005年第4期。
④ 柳卫民：《岑春煊警察教育思想述评》，《教育教学论坛》2010年14期。
⑤ 柳卫民：《试论张謇的警察教育思想》，《湖北警官学院学报》2010年第2期。
⑥ 柳卫民：《丁振铎警察教育思想述评》，《文教资料》2016年第17期。
⑦ 柳卫民：《徐世昌警察教育思想探析》，《湖北警官学院学报》2011年第1期。
⑧ 天津图书馆、天津社会科学院编：《袁世凯奏议》下册，天津古籍出版社1987年版，第1056页。
⑨ 刘锦涛：《袁世凯警政思想初探》，《历史档案》2008年第4期；《论袁世凯警政思想历史借鉴意义》，《兰台世界》2009年第21期。
⑩ 柳卫民：《李士珍警察教育思想述论》，《中国电力教育》2010年第10期；孙静、刘嘉：《李士珍警察教育思想述评》，《广州市公安管理干部学院学报》2008年第3期；陈竹君：《李士珍的警政思想探析》，《北京人民警察学院学报》2007年第2期；鄢定友、郝骥、倪根宝：《李士珍警政改革思想述论》，《江苏警官学院学报》2007年第4期。

察建设培养大量实用性人才，促进中国警察近代化进程。①

再次，研究警察教育的区域性成果数量相对较少，主要集中在四川、云南、湖北、北京等地。黄霞的《略论近代四川警察教育》一文，回顾了近代四川警察教育建立的经过②；韩伟在《陕甘宁边区警察教育》中，论述了陕甘宁边区政府在复杂多变的战争环境中对边区的警察、保卫干部进行了卓有成效的教育和培训，认为警察素质的提高，不仅为边区创造了较为安全稳定的社会环境，也为日后新中国的警政建设储备了人才③。

最后，警察教育制度及其近代化研究受到学者的青睐，成果相对丰富。孟庆超等对警察教育的发展轨迹、教育的统一与层次化、职业化等问题进行了法学视角的研究，对当代警察教育中存在的问题提出思考。④陈兰英研究了近代中国警察教育法制问题，"通过对警察教育立法规范体系、教育组织管理制度及警察学校教育教学制度的建构，以及其教育教学宗旨的确立和课程体系的设置，等等，依法而立，依法而行的法制模式的研究，进而揭示这一制度实践背后合理化运动的法律逻辑、科学逻辑和社会逻辑"⑤。王丽娜的《国民政府时期警察教育研究》一文，详细考察了南京国民政府时期警察教育，认为在这一时期，南京国民政府建立了较为完备的警察教育制度，警察教育在政策制定、教育的层次和种类、课程设置、师资选聘等诸多方面进行了有益的探索与尝试，促进了中国近代警察教育的发展。⑥董纯朴在《略论中国近代警察教育制度及影响》中提出，清末早期改良派是中国近代警察制度

---

① 龚维秀、郝骥：《李士珍警察教育思想探析》，《江苏警官学院学报》2008年第4期。
② 黄霞：《略论近代四川警察教育》，《四川警察学院学报》2009年第5期。
③ 韩伟：《陕甘宁边区警察教育》，《延安大学学报》2011年第5期。
④ 孟庆超、宫淑艳：《近代中国警察教育之探索》，《山东警察学院学报》2005年第5期；孟庆超、牛爱菊：《论近代中国警察教育的统一及层次化》，《铁道警官高等专科学校学报》2006年第3期；孟庆超、牛爱菊：《近代中国警察教育的建立与发展历程》，《北京人民警察学院学报》2006年第5期；孟庆超、王志宇：《近代中国警察教育的职业化及其反思》，《湖北警官学院学报》2006年第1期。
⑤ 陈兰英：《近代中国警察教育法制研究》，中国人民公安大学2019年博士学位论文，"摘要"，第2页。
⑥ 王丽娜：《国民政府时期警察教育研究》，山东师范大学2009年硕士学位论文。

的奠基人，他们把国外先进的警察教育制度引进中国，并在教育机构创设、章程制定及教育实施等方面作出了卓有成效的努力。①徐乃龙在《中国近代警察高等教育述论》一文中，主要考察了清末、民国初年、南京国民政府时期的警察高等教育发展，他认为高等警察教育的发展在一定程度上也促进了警政现代化的发展。②

此外，王丽英对南京国民政府时期女警教育实践的原因、教育状况、特点和进步意义进行了探究，认为"女警教育培养了一批女警，在一定程度上提高了女警的素质和能力，促进了中国女警事业的发展"③。江卫社以警务学堂消防队为个案，考察警察教育与警务实践的结合，认为这种模式在今天仍有借鉴意义。④

综上所述，警察教育研究已经取得一定成绩，但远远不足，尤其是区域警察教育方面，仍存在广泛的研究空间。

二、近代辽宁警察与警察教育研究现状

晚清以后，辽宁地区的政治、经济、文化中心地位越来越明显，可视为引领东北发展的示范区域，因此，研究近代辽宁警察教育历程，有助于考察东北警察教育全貌。

近年来，东北地区的警察研究取得了一些成绩，成果形式以论文为主。程亮考察了近代东北警察制度的建立及沿革，肯定了徐世昌在东北建警方面的历史地位⑤；肖凝考察了东北警政发展的历程，认为"一方面，其延续了清末的治安框架，确实有许多需要向国外先进警察制度进一步学习的地方；另

---

① 董纯朴：《略论中国近代警察教育制度及影响》，《云梦学刊》2007年第5期。
② 徐乃龙：《中国近代警察高等教育述论》，《公安教育》2003年第12期。
③ 王丽英：《南京国民政府时期女警教育探析》，《湖南公安高等专科学校学报》2008年第4期。
④ 江卫杜：《清末警务学堂消防队——警察教育与警务实践有效结合的历史个案》，《北京人民警察学院学报》2007年第2期。
⑤ 程亮：《近代东北地区警察制度研究》，辽宁大学2012年硕士学位论文。

一方面，东北警察制度、体系的建立又在一定程度上促进了东北经济社会的发展，同时也为维护国家领土完整作出了一定的贡献"①。

日本在东北的警察设置问题也得到了一定程度的关注，如李鸿锡对日本在东北地区尤其是延边地区设置领事馆警察机构的历史背景、设置情况及其对延边地区朝鲜族人民反日活动的镇压进行考察，指出其侵略性。②沦陷期日本在东北的警察问题研究成果集中在机构设置、警察活动方面，主要有胡庆祝的《"日满时期"东北地区的警察统治研究》《从东北沦陷时期的警察统治看日本的侵略野心》③，周敏的《东北沦陷时期的伪满警察》④，李慧慧、刘雄的《东北沦陷时期日本警察机构探析》⑤，潘启贵、金书勤的《东北沦陷时期日伪宪兵和警察及罪恶举要》⑥，肖炳龙的《伪哈尔滨警察厅概述》⑦等。

近代辽宁地区社会发展较吉林、黑龙江地区迅速，与之相应的社会管理体系变革和政府机构建置、调适便具有一定的先行性及示范性。近代辽宁警政建设相较吉林与黑龙江二省而言更为健全。当代学者对近代辽宁警察的研究成果侧重于制度建设，如李皓考察了赵尔巽在日俄战争前期对奉天警政建设作出的努力，认为其为奉天省警政建设奠定了一定基础。⑧金泽璟以奉天市及其四厢为核心区域，探讨警察创建的历史背景及必要性，认为警察创建推动了传统地方行政向近代转变，同时加强城市社会控制，将政府的权力下渗到社会基层。⑨张新华对奉天省水上警察制度确立及其发展完善过程进行梳

① 肖凝：《近代东北地区警政发展考略》，《江苏警官学院学报》2016年第2期，第128页。
② 李鸿锡：《日本驻中国东北地区领事馆警察机构研究——以对延边地区朝鲜民族的统治为中心》，延边大学2007年博士学位论文。
③ 胡庆祝：《"日满时期"东北地区的警察统治研究》，《兰台世界》2011年第16期；《从东北沦陷时期的警察统治看日本的侵略野心》，《兰台世界》2013年第25期。
④ 周敏：《东北沦陷时期的伪满警察》，《北方文物》2015年第2期。
⑤ 李慧慧、刘雄：《东北沦陷时期日本警察机构探析》，《东方企业文化·公司与产业》2013年第11期。
⑥ 潘启贵、金书勤：《东北沦陷时期日伪宪兵和警察及罪恶举要》，《齐齐哈尔师范学院学报》1995年第5期。
⑦ 肖炳龙：《伪哈尔滨警察厅概述》，《北方文物》1990年第1期。
⑧ 李皓：《浅析盛京将军赵尔巽的奉天警务改革》，《社会科学辑刊》2008年第6期。
⑨ 金泽璟：《清末东北奉天警察制度研究》，北京师范大学2006年硕士学位论文。

理和勾勒，并论述奉天省水上警察制度的组织体系及水上警察的主要工作职责，分析水上警察制度的特点及其缺陷。①

辽宁警察教育研究十分薄弱。九一八事变后，基于抗日救国情愫，部分民国学者开始关注日本在东北地区的警察设置问题，警察教育方面有徐望霓的《伪满警察教育概要》，考察了伪满时期警察教育内容及性质②；赵新言在《九年来伪"满"的警察行政》中也对伪满警察教育与训练方面做了考察，认为日伪当局实施"麻醉的教育"③。新中国成立至今，少数学者关注辽宁警察教育问题，如杜迎新的《构建辽宁公安教育训练体系提高执法战斗力》，从辽宁公安教育训练体系建构的重要性和紧迫性、构建的基本思路、教学训练计划的制定、教学训练大纲的编写、教学运行机制的健全等方面对当代辽宁警察教育制度建构提出规划。④王香、张洪玮的《伪满洲国警察训化体系探析》，考察地方到中央三级教育机构形成的教育体系，并分析其殖民服务性。⑤

第三节　研究思路与方法

教育是培养人的一种社会现象，是传递生产经验和社会生活经验的必要手段，是保证人类社会延续和发展的一种社会活动。⑥党的十九大报告中明确指出："建设教育强国是中华民族伟大复兴的基础工程，必须把教育事业放在优先位置，深化教育改革，加快教育现代化，办好人民满意的教育。"⑦党

---

① 张新华：《民初奉天省水上警察制度研究（1913—1931）》，辽宁大学 2012 年硕士学位论文。
② 徐望霓：《伪满警察教育概要》，《闽政月刊》1937 年第 1 卷第 2 期。
③ 赵新言：《九年来伪"满"的警察行政》，《东北》1940 年第 2 卷第 1 期。
④ 杜迎新：《构建辽宁公安教育训练体系提高执法战斗力》，《辽宁警专学报》2005 年第 4 期。
⑤ 王香、张洪玮：《伪满洲国警察训化体系探析》，《长白学刊》2018 年第 4 期。
⑥ 张东良、周彦良主编：《教育学原理》，北京理工大学出版社 2017 年版，第 24 页。
⑦ 《党的十九大报告辅导读本》编写组：《党的十九大报告辅导读本》，人民出版社 2017 年版，第 337 页。

的二十大报告指出："教育、科技、人才是全面建设社会主义现代化国家的基础性、战略性支撑。"警察教育是教育的特殊组成部分，其发展状况与国家未来前途关联密切。警察教育具有教育的普遍属性，同时也具有作为国家政权建设的特殊属性。警察教育有广义和狭义之分。广义的警察教育指提高受教育者身心素质之能够履行国家赋予的警察职能行为的全部教育训练活动和影响；狭义的警察教育指学校教育。①本书关注从晚清建警开始至九一八事变前的辽宁警察教育，内容涉及教育制度、教育机构、警务人才培养模式、警察教育功能等方面，在唯物史观指导下，历时性展开，考察每个时段内警察教育状况、特征，探索教育规律，发现警察教育与国家、社会变迁的关系，推动当今警察教育事业的发展。

一、研究思路

董纯朴指出："各个历史时期的统治阶级根据一定社会或一定阶级的要求，利用警察教育对受教育者进行有目的、有计划、有组织地传授警务专业知识技能，培养其思想品德，发展智力和增强体力，最终使受教育者成为一定社会或一定阶级服务的专业警务人员。"②近代辽宁地区的警察教育历经晚清、民国、沦陷时期、解放战争时期四个时段，每个时期都有复杂的现象和鲜明的特性。近年来，学者开始探讨警察教育中的机构、制度、思想等问题，但近代辽宁警察教育问题尚未纳入研究视野。本书将1901—1931年辽宁警察教育作为一个考察整体，首先，弄清其出现的历史环境，指出在民族危机严重，内部统治危机加深的情况下，清政府引进西方警察制度延续并增强统治，并以此为目的拉开国家培养警务人才教育的序幕，辽宁警察教育在此契机下出现。其次，对晚清、民国时期的辽宁警察教育进行历时性探究，考察警察教育间的承继、发展关系；同时，在各时期内进行横向的专题考察，

① 刘祁宪：《论警察教育》，《公安大学学报》1997年第3期，第88页。
② 董纯朴：《中国警察教育史论》，吉林文史出版社2007年版，第1页。

将警察教育制度、机构、内容、效果等面相完整呈现，还原历史真相。最后，考察警界人物、警察经费对警察教育的影响，以及警察教育特征及其与社会流动的关系。

二、研究方法

第一，以历史唯物主义为指导，认真研究目前已有的相关成果，密切关注国内外相关课题的研究进展，积极参加相关课题的各种学术会议，掌握最新研究动态，保证本书研究的学术先进性。

第二，多学科理论交叉研究。本书涉及历史学、教育学、治安学、社会学等领域，参酌各学科的研究理论与方法，融会贯通，能够使本书呈现真实的历史，准确反映近代辽宁警察教育发展的动力与规律，为当代辽宁警察教育提供历史的思考、借鉴。

第三，案例分析法。查阅大量的档案资料与法律法规，通过对相关案例进行分析，再现历史细节，以便从部分观察到整体思考，实现个性到共性的提升。

第四，比较法。将辽宁警察教育开办情况与东北他省、全国他省进行比较，探寻辽宁区域特性。

第四节　文献基础与概念界定

一、文献资料简介

资料是历史研究的基础。本书所使用的资料主要有档案、资料汇编、东北地方志、报纸、民国期刊和当代著作、论文、文史资料等。

辽宁省档案馆收藏、出版的相关档案。清末至九一八事变前的奉天省警务档案资料，专项保管除外，还分布在民政、奉天省公署、开埠等档案内，但目前允许查看的档案资料资源十分有限。本书主要利用警察行政建设中警察教育相关的档案资料。此外，辽宁省档案馆将一些历史档案编辑出版，如《东北边疆档案选辑——清代·民国》①《日本侵华罪证档案新辑》②《奉系军阀档案史料汇编》③《奉系军阀密电》④等，是档案资料的重要补充。

《奉天通志》《沈阳县志》《海城县志》《安东县志》等地方志，主要来源于台湾成文书局影印的《中国方志丛书》东北部分，凤凰出版社、巴蜀书社、上海书店联合发行的《中国地方志集成》辽宁、吉林府县志辑部分。方志的民政或政治中列有警察一目，记录了警察制度沿革和编修方志时各县警察官吏任职情况、出身等问题，是本书的重要史料来源。此外，徐世昌的《退耕堂政书》《东三省政略》也是晚清辽宁警察资料的主要来源。

《奉天全省警甲报告书》以及营口警察厅编制的民国八年、民国九年、民国十三年警务一览表，安东警察厅编制的民国八年警务一览表（沈阳市图书馆藏）是本书的另一个主要资料来源。

《盛京时报》由1906年创刊到1945年停刊，记录了近代奉天省乃至东北社会的政治、经济、文化、风土、人情等各个方面的情况，其中，警察教育方面的报道众多，是本书研究不可或缺的报刊资料。《顺天时报》也有奉天省警政方面的部分报道，可补充《盛京时报》。

日文资料有南满洲警察制度及其附录⑤，对九一八事变前辽宁地区警察制度、薪俸、教育等方面均有记述。

最后，民国时期学者关于警察教育问题的各种研究成果与当代学者对此

---

① 中国边疆史地研究中心、辽宁省档案馆合编：《东北边疆档案选辑——清代·民国》，广西师范大学出版社 2007 年版。
② 辽宁省档案馆编：《日本侵华罪证档案新辑》，广西师范大学出版社 1999 年版。
③ 辽宁省档案馆编：《奉系军阀档案史料汇编》，江苏古籍出版社、香港地平线出版社 1990 年版。
④ 辽宁省档案馆编：《奉系军阀密电》，中华书局 1987 年版。
⑤ 南满洲鉄道株式会社総務部事務局調査課：《南満地方支那警察制度》南満洲鉄道総務部事務局調査課 1918 年版；南満洲鉄道株式会社総務部事務局調査課：《南満地方支那警察制度 . 附録》，南満洲鉄道総務部事務局調査課 1918 年版。

问题的进一步研究和探讨，各地区编辑的文史资料也成为本书研究的基础。

二、概念界定与说明

辽宁，建制于奴隶社会，夏商为幽州、营州之地，周分封属燕国。春秋时期，行政区划开始设郡、县，燕置辽东、辽西两郡，秦置辽东、辽西、右北平三郡。两汉、三国归属幽州。东晋为平州，西晋为前秦。北魏、东魏、北齐为营州。隋置柳城、辽东、燕郡。唐属河北道，设安东都护府。辽为东京、中京道。金为东京、北京路。元为辽阳行省。明为辽东都指挥司，下设两州、二十五卫。清初划归盛京特别行政区，清末改为奉天省。民国初期，行政区划沿袭清制，分为道、府、厅、州、县。1929年年初，由奉天省改称辽宁省。现辽宁省辖14个地级市（其中沈阳、大连为副省级城市）、16个县级市、25个县（其中8个为少数民族自治县）、59个市辖区。[1]本书以1901至1931年间辽宁省为考察对象，因各级行政区域边界与名称在考察期内有变化，与当下辽宁省行政区划不完全相同，所以，行文中引用历史文献之处，保持原称（如奉天省）不变，依历史上辽宁省行政区划盈缩进行微观考察，宏观上将辽宁省与奉天省互认。1931年辽宁省辖各县及其建置见表1。

表1 1931年辽宁省辖各县及其建置一览表

县名	建置沿革
沈阳	民国二年由承德县改设。清康熙三年置承德县
辽阳	民国二年由辽阳州改设。清初为辽阳府辽阳县。康熙三年改辽阳州
海城	清顺治十一年设县
盖平	清康熙三年设县
铁岭	清康熙三年设县
开原	清康熙三年设县

---

① 辽宁省人民政府网，http://www.ln.gov.cn/zjln/xzqh/index.html，访问日期：2023年2月22日。

县名	建置沿革
东丰	民国三年由东平县改设，移治大度（肚）川。清光绪二十八年设东平县于东围场
西丰	清光绪二十八年设县，治淘鹿
西安	清光绪二十八年设县，治大兴岭
辽中	清光绪三十二年设县，治阿什牛录
台安	民国三年设县，治八角台
营口	民国三年由营口直隶厅改设。清宣统三年设厅
黑山	民国三年由镇安县改设，治小黑山。清光绪二十八年由新民府改设
新民	清光绪二十八年由新民府改设。嘉庆十年设新民厅。光绪二十八年升府
彰武	清光绪二十八年以牧场改县，治横道子
北镇	民国三年由广宁县改设。清康熙三年设广宁府及广宁县。康熙四年移府存县
盘山	民国二年由盘山厅改设，治双台子。清光绪三十二年设盘山厅
锦县	清康熙三年设县。原为锦州府治
义县	民国二年由义州改设。清雍正十一年设州
兴城	民国三年由宁远县改设。清康熙三年设宁远州。民国二年改县
锦西	民国二年由锦西厅改设。清光绪三十二年设厅
绥中	清光绪二十六年设县，治中后所
安东	清光绪二十六年设县，治沙河镇
新宾	民国十九年由兴京改设。民国二年由兴京府改县，治新宾堡
通化	清光绪三年设县，治头道江
凤城	清宣统二年由凤凰厅改凤凰县。宣统三年改称凤城
宽甸	清光绪三年设县，治宽甸堡
桓仁	清光绪三年设县。民国三年移治八道江
临江	清光绪二十八年设县，治帽儿山
辑安	清光绪二十八年设县，治通沟
长白	民国二年由长白府改设，治塔甸。清光绪三十二年设长白府

县名	建置沿革
安图	清宣统元年设县
抚松	清宣统元年设县，治双甸子
抚顺	清光绪三十四年由兴仁县改设，治千金寨
本溪	清光绪三十二年设县，治本溪湖
海龙	民国二年由海龙府改设，治龙城
辉南	民国二年由辉南厅改设，治谢家店。清宣统元年设辉南厅
柳河	清光绪二十八年设县，治柳树河
清原	民国十四年设县，治八家镇
金川	民国十五年设县，治样子哨
复县	民国二年由复州改设。清雍正十一年设州
金县	民国二年由金州改设。清光绪三十一年转租于日本，逾期强据未还
岫岩	民国二年由岫岩州改设。清光绪二年设岫岩州
庄河	民国二年由庄河厅改设，治大庄河。清光绪三十二年设厅
辽源	民国二年由辽源州改县，治郑家屯。清光绪二十八年设州
法库	民国二年由法库厅改设，治三台子。清光绪三十二年设厅
昌图	民国二年由昌图府改设。清嘉庆十一年设厅。光绪三年改府
梨树	民国三年由奉化改设，治梨树城
怀德	清光绪三年设县，治八家镇
康平	清光绪六年设县，治康家屯
洮南	民国二年由洮南府改设，治双流镇。清光绪三十一年设府
洮安	民国三年由靖安县改设，治白城子。清光绪三十年设靖安县
安广	清光绪三十一年设县，治解家窝棚
开通	清光绪三十年设县，治哈拉乌苏
双山	民国十八年由双山设治局改县
瞻榆	民国六年由开化县改设，民国元年设开化县于六家镇

续表

县名	建置沿革
突泉	民国三年由醴泉县改设。清宣统元年设醴泉县
镇东	清光绪三十四年勘定县址。宣统元年设治。宣统二年改县
通辽	民国七年设治。民国十年改县

资料来源：《东北年鉴》，张研、孙燕京主编：《民国史料丛刊》第989册，大象出版社2009年版，第16—18页。

第一章　警察教育相关理论简介

第一节　警察与警察教育的概念

　　"'警察'一语，在我国始见于《金史·百官志》中'诸京警巡院史一员，正六品，平理狱讼；警察别部总判院事副一员，从七品，掌警巡之事……'。其字义解释为：'警'是提高警惕和预先戒备的意思，《左传》中有'军卫不撤，警也'之句，'察'是考察事实真象而辨明是非的意思。《论语》中有'察其所安'之句。"① "《周礼》记载的司稽、禁暴氏，秦朝的中尉，汉代的执金吾，隋唐至宋辽金元的金吾卫、巡检司、警巡院，明代的厂卫和五城兵马司，清代的步军统领衙门"②等都是中国古代社会中行使警察职能的人员和机构。古代中国与近代中国是两种不同的社会形态，近代的"警察"二字具有时代独特性。近代英、法两国称警察为"police"，德国称其为"polizei"，指的是国家行政中的一部分。近代中国汉语中的"警察"一词出现较晚，是从日本舶来的。清末多称之为巡差、巡捕和巡警，民国后渐由巡警改称警察。

　　"教"与"育"最早出现在我国甲骨文中，"教"像有人在旁执鞭演卜，训导小孩学习的形象。"育"像妇女育子之形。在先秦古籍中，大都只

---

① 林维业：《中国警察史》，辽宁人民出版社1993年版，绪论，第1页。
② 韩延龙主编：《中国近代警察制度》，中国人民公安大学出版社1993年版，导论，第1页。

用一个"教"字来论述教育的事情。①孟子说："得天下英才而教育之，三乐也。"②蔡元培认为："教育是帮助被教育的人给他能发展自己的能力，完成他的人格，于人类文化上能尽一分子的责任；不是把被教育的人，造成一种特别器具，给抱有他种目的的人去应用的。"③在西方，"教育"一词，英文为education，德文为erziehung，概由拉丁语eduiere演变而来。拉丁语的eduiere，又是从动词educere变成的，该词首的"e"在拉丁语中有"出"的意思，该词中的"ducere"有"引"的意思。因而，"教育"一词含有"引出"之意思。④国内外学者对"教育"含义的解读表述不尽相同。本书中的"教育"取"人类在一定社会背景下所发生的促进个体社会化和社会个性化的实践活动"⑤之解释。

警察教育，外国学者指出，有广义和狭义两种情况："狭义的警察教育者，即对于警察官吏施之以相当之教育者也；广义的警察教育者，即对于全体国民各输入其警察智识，使不妨害警察之发达，以图发展警察之实力者也。虽狭义与广义两者绝不相谋，然必先有狭义的教育以立警察之基，而后乃能与广义的教育以尽警察之用。此中消息实有相因而生、并行不悖者焉。"⑥民国学者阮光铭的《警政概论》对警察教育的广义与狭义看法与此相同。⑦当代警察教育也有广义与狭义之分，但其具体指向与前辈学者所言并不相同。"广义的警察教育包括由公安、司法行政系统为培养公安、监狱管理、劳动教养等方面的人才以及承担相应人员训练任务的教育活动；狭义的警察教育仅指公安院校对公安人才的教育与训练。"⑧

---

① 廖顺学、高婧、方晓路主编：《教育学》，吉林文史出版社2019年版，第11页。

② （战国）孟子：《孟子》，北方文艺出版社2019年版，第266页。

③ 蔡元培：《教育独立议》，杨东平编：《大学精神》，辽海出版社2000年版，第124页。

④ 罗廷光：《教育概论》，世界书局1933年版，第2页。

⑤ 卢娟娟、陈有孝、饶馨主编：《教育学》，延边大学出版社2018年版，第3页。

⑥ 赵征宇：《论警察教育》，《湖北警务杂志》1910年第4期，第2页。

⑦ 阮光铭编：《警政概论》，商务印书馆1931年版，第14页。

⑧ 郑晓均：《警察行政研究》，知识产权出版社2017年版，第164页。

学者刘祁宪也将警察教育分为广义与狭义，"广义的警察教育，是指提高受教育者身心素质使之能够履行国家赋予的警察职能行为的全部教育训练活动和影响；狭义的警察教育，主要是指学校警察教育"①。综上所述，本书中警察教育涵义与刘祁宪所持广义警察教育概念基本一致，指公安系统内警察群体所受的全部教育与训练，包括学校教育与在职训练两个主要内容。

第二节　警察教育的性质

"培养什么样的人""如何培养人""为谁培养人"是教育的根本问题。警察教育是"国家教育事业的一个组成部分，又是警察事务的一个组成部分"②。了解警察教育的主要特性，有助于科学回答上述三个问题。

第一，警察教育的政治性。

警察是国家统治的暴力机器。"作为公共权力的警察本质上也是一种政治制度设计，它为国家和国家的代表政府而生，为国家和社会的关系和谐而生，为社会的安宁和秩序而生。可以说，警察是秩序的人格化。为了秩序，警察成为国家展现暴力的工具；为了秩序，警察要对公民妨害他人自由与权利先行预防、要对已然发生的违法犯罪行为进行察知和解析；为了秩序，警察必须通过更好的公共安全服务来动员社区和公众的力量参与公共安全管理。"③警察从内在与外延所具有的政治属性，决定警察教育的政治性。若从教育学角度进行考察，警察教育实施主体为国家，教育目的是提升警察群体

---

① 刘祁宪：《论警察教育》，《公安大学学报》1997年第3期，第88页。
② 周章琪：《现代警务与警察教育》，湖北人民出版社2003年版，第9页。
③ 王智军：《警察的政治属性》，社会科学文献出版社2009年版，摘要，第1—2页。

维护国家统治的能力，教育内容涉及为何维护国家统治、怎样维护国家统治等方面，这些均说明政治性是警察教育的基础属性。

经济基础决定上层建筑。当前，我国公安机关是人民民主专政的重要工具，担负着维护国家安全，维护社会治安秩序，保护公民的人身安全和人身自由，保护公共财产和个人合法财产，预防、制止和惩治违法犯罪活动的任务。[①]"在社会主义向共产主义过渡的漫长的历史阶段，警察教育随着无产阶级国家和人民民主专政职能的发展而发展。"[②]

第二，警察教育的职业教育属性。

职业是一种社会历史现象，是人类发展到一定阶段的产物，指人们为了谋生和发展而从事的相对稳定、有经济收入、特定类别的社会劳动。这种社会劳动是人们的生活方式、经济状况、教育程度、行为模式和道德情操等的综合反映，是人们所承担的社会责任与义务、所拥有的社会权利的重要体现。[③]职业教育指根据一定社会的发展需要，在一定的普通教育基础上，对受教育者进行从事某种职业所需要的专门知识、技能和职业道德教育，使受教育者成为社会职业所需要的人才。[④]警察教育既有"公安警察学校和专门警察教育机构的教育、培养和训练，也有专门警察教育培训机构以外的非定型的、在警察岗位和社会中分散地、随机地进行的警察教育训练活动"[⑤]。其职业属性主要表现如下：其一，从国家安全、社会稳定、完成警察任务这一职业特点出发，为警察队伍培养、输送和造就大批合格的警务专门人才。其二，警察的职业理想、职业道德、职业纪律教育，是造就合格警务人才的前提。其三，从事警察职业工作必备的文化基础知识、法律知识、专业知识等，是警察职业教育的核心内容，目的是为

---

① 廖正康：《现代警察研究：21世纪视野中的警察问题》，四川人民出版社2006年版，第146页。

② 刘祁宪：《论警察教育》，《公安大学学报》1997年第3期，第92页。

③ 袁敏主编：《大学生职业生涯规划（职业生涯规划篇）》，北京理工大学出版社2020年版，第67页。

④ 袁兆春、宋超群：《教育法学》，山东人民出版社2014年版，第219页。

⑤ 刘祁宪：《公安教育学》，警官教育出版社1998年版，第1页。

从事本职业工作奠定良好的文化理论和专业知识基础。警察职业所必需的侦查技能、擒敌技能、车辆驾驶技术等，以及强健的体魄，是警察职业教育的基本内容，体现了警察职业教育的主要特点。其四，坚强的意志，丰富的想象力，严密的逻辑思维能力，良好的注意力、观察力、控制力、应变能力，以及高度的事业心责任感等警察职业心理素质训练是警察职业教育的显著特点。[1]

第三，警察教育的学科性（专业性）。

一般来讲，警察教育由正规的院校教育与在职培训构成，其中，院校教育是主体。教育内容涉及社会科学、自然科学和人文科学的各个领域。为研究警察教育现象、解决教育问题、揭示教育规律，警察教育学在警察学与教育学的交汇处生长。当下，一些学者"运用马克思主义世界观和方法论，揭示警察教育培训特别是中国社会主义人民公安教育与警察培训的产生、发展和未来趋势的规律以及当代中国人民公安教育与警察培训各种类型之间相互关系"[2]，近代警察教育学者也在鲜明的指导思想下探寻警察教育的施行、发展路径、警察教育的运行规律及其与社会关系等内容，具备了相应的学科属性。所以，专业性是警察教育历程不变的追求。

第三节　警察教育的作用

2020年8月26日，中共中央总书记、国家主席、中央军委主席习近平向中国人民警察队伍授旗并致训词，对人民警察队伍提出4点要求："一是对党忠诚。要坚持党的绝对领导，坚持政治建警方针，增强'四个意

---

① 周章琪：《现代警务与警察教育》，湖北人民出版社2003年版，第10页。
② 刘祁宪：《公安教育学》，警官教育出版社1998年版，第2页。

识'、坚定'四个自信'、做到'两个维护'，始终以党的旗帜为旗帜、以党的方向为方向、以党的意志为意志，坚决听从党中央命令、服从党中央指挥，确保绝对忠诚、绝对纯洁、绝对可靠。二是服务人民。要坚持以人民为中心，坚定贯彻执行党的群众路线，做到一切为了人民、一切依靠人民，坚持总体国家安全观，在共建共治共享中推进平安中国建设，维护人民利益，全心全意为增强人民群众获得感、幸福感、安全感而努力工作。三是执法公正。要坚持维护社会公平正义，加强教育培训，严格监督管理，规范权力运行，把严格规范公正文明执法落到实处，不断提高执法司法公信力，努力让人民群众在每一起案件办理、每一件事情处理中都能感受到公平正义。四是纪律严明。要坚持严管厚爱结合、激励约束并重，严格落实全面从严管党治警要求，严明警纪、纯洁队伍，聚焦实战、强化训练，着力锤炼铁一般的理想信念、铁一般的责任担当、铁一般的过硬本领、铁一般的纪律作风，充分展现党领导的社会主义国家人民警察克己奉公、无私奉献的良好形象。"[①] 警察教育是实现习近平主席四点要求的重要保障。

首先，警察教育教授警察基础知识与警学专门知识，提升警察群体的素质。

晚清时期，警察制度初建，因未能先期培养专业警学人才而使警察群体整体素质较低，甚至出现兵政警政混一现象。警务学堂、警察学校、教练所、传习所等警察教育机构历经变迁，培养不同层次警员，推动警察队伍专业化、科学化，警察教育自身逐步走向近代化。新中国成立后，人民警察队伍建设面临警务人才短缺的困境，警察教育在党和政府的领导下开展起来。警察教育实施过程中，要求"培养忠诚于国家和人民，具有强烈的警察意识，廉洁奉公，遵纪守法，不怕牺牲；熟悉警务工作的有关法律、法规和警

察业务基本知识、基础理论和基本技能，具备一定程度的科学文化知识，身心健康的警务专门人才"①。实现这一目标，警察群体的文化素养与职业素养就会得到提升，警察教育的育人作用自然实现。

其次，警察教育有助于警学知识专业化及学科体系的建构、发展。

教育的实施主体为教师。警察教育具体执行者是由警察学、法学等专业学者和专家组成的警察师资队伍。近代的警察师资队伍，专职与兼职并存，他们具有丰富的理论知识和一定的警务实践经验，对警察行政中遇到的理论问题和实际问题进行探究，以论文或著作的形式出版研究成果，同行之间开展各种形式的交流与商榷，推动教学革新与完善，促进学科体系的建构与发展。这些一线警察教员也为警察机构提供专业决策咨询或新思路，尤其是兼职教员，教学与实践互辅，对警察教育专业化与学科建设作用尤巨。例如，民国时期著名警察教育学者李士珍，1926年9月任中央警官学校校长；1930年去日本考察警政，并入日本警官学校学习；1932年回国后任南京警察厅警士教练所所长；1933年任南京警察厅秘书；1935年去欧美考察警政；1936年任内政部警官高等学校校长，此后十多年一直主持警校工作。主要出版《警察行政研究》《现代各国警察》《警察行政之理论与实际》《警察精神教育》《战时警察业务》《台湾警察大学校史》《怎样办理警卫》《考察各国日记》等著作。

再次，警察教育培养警务专业人才，为维护国家安全和社会稳定服务。

警察教育"既是总结、传授人类一切文明成果及维护社会治安秩序，打击犯罪，保障国家安全和公民人身及财产安全方面的经验和成果的手段，又是培养和造就维护国家和社会稳定力量的途径。社会繁荣进步需要警察特有的镇压和管理职能来保证"，警察教育"正是实现这种保证的根本出路"。②警察教育实施的目的是提高警察素质，即提升"从事警察职业具有

---

① 周章琪：《现代警务与警察教育》，湖北人民出版社2003年版，第189页。
② 刘祁宪：《公安教育学》，警官教育出版社1998年版，第31页。

的政治思想、职业道德、理论基础、法律素质、专业能力、文化水平、心理特征、科学知识、警务技能、身体状况等内部诸要素的总和"[1]。警察素质的高低影响警察职能强弱，"警察事务的好坏，当依形成警察全体的各个警察官的注意力、勇气、常识等等而决定"[2]。由此，警察教育对警察职能具有重要意义。清末民初，警察制度创建的根本原因在于警察职能对转型时期社会治理的积极作用。警察是"保护市民最接近最切实的人"，警察的责任"绝不是穿上一身制服，拿了几个饷银，或者在街道上呆站了几个钟头的岗，或者是带了一回班，走完了一回巡逻的路线，就算完了；要在各方面切实负责任起来，扩充自己的知识，提高自己的身体"[3]。党的二十大报告指出，到2035年我国基本实现社会主义现代化，即经济实力、科技实力、综合国力大幅跃升，人均国内生产总值迈上新的大台阶，达到中等发达国家水平；实现高水平科技自立自强，进入创新型国家前列；建成现代化经济体系，形成新发展格局，基本实现新型工业化、信息化、城镇化、农业现代化；基本实现国家治理体系和治理能力现代化，全过程人民民主制度更加健全，基本建成法治国家、法治政府、法治社会；建成教育强国、科技强国、人才强国、文化强国、体育强国、健康中国，国家文化软实力显著增强；人民生活更加幸福美好，居民人均可支配收入再上新台阶，中等收入群体比重明显提高，基本公共服务实现均等化，农村基本具备现代生活条件，社会保持长期稳定，人的全面发展、全体人民共同富裕取得更为明显的实质性进展；广泛形成绿色生产生活方式，碳排放达峰后稳中有降，生态环境根本好转，美丽中国目标基本实现；国家安全体系和能力全面加强，基本实现国防和军队现代化。在基本实现现代化的基础上，我们要继续奋斗，到本世纪

---

[1] 廖正康：《现代警察研究：21世纪视野中的警察问题》，四川人民出版社2006年版，第4页。

[2] 阮光铭编：《警政概论》，商务印书馆1931年版，第12页。

[3] 徐淘：《警察学纲要》，上海法学社1928年版，第66页。

中叶，把我国建设成为综合国力和国际影响力领先的社会主义现代化强国。[①]警察教育既要坚持教育为社会主义现代化服务的原则，培养社会主义现代化的保卫人才，又要坚持教育同生产劳动相结合的原则，把教育内容与警务工作和警察队伍建设密切结合起来，培养德、智、体全面发展的警务人才。[②]

---

① 习近平：《高举中国特色社会主义伟大旗帜 为全面建设社会主义现代化国家而团结奋斗——在中国共产党第二十次全国代表大会上的报告》，人民政府网，http://www.gov.cn/xinwen/2022-10/25/content_5721685.htm，访问日期：2023 年 1 月 29 日。
② 周章琪：《现代警务与警察教育》，湖北人民出版社 2003 年版，第 183-184 页。

第二章　辽宁警察教育开启的社会环境

　　社会环境，即在自然环境的基础上，人类通过长期有意识的社会劳动所形成的环境体系，涉及日常活动的互动系统和影响社会功能的环境系统等各层次领域。[①]人类行为不能脱离社会环境而存在，社会环境也影响人类行为。社会一方面是人类精神文明和物质文明发展的标志，另一方面又随着人类文明的演进而不断丰富和发展。教育是"有意识的、以影响人的身心发展为直接目标的社会活动"[②]。教育的施行离不开社会，因此，考察社会环境对研究警察教育有重要的意义。

　　第一次鸦片战争后，清政府陷入西方侵略困境，多次接战并签订一系列丧权条约，迫使朝野向西方寻求摆脱现状、富国强兵的途径，视野逐步从"器物之用"到"良法美政"的制度层面。近代警察制度在这样的形势中由西方开始移植到晚清中国，拉开建置帷幕，警察教育也随之开启。

第一节　宏观社会环境

　　晚清学人很早关注西方警察制度，并尝试仿照日本警察创办保卫局，为清末新政时期全国推行警察制度奠定了基础。警察教育因警察制度的移植而

---

① 韩晓燕、朱晨海：《人类行为与社会环境》，格致出版社、上海人民出版社2009年版，第5-6页。
② 史小力主编：《教育学》，江西高校出版社2018年版，第29页。

兴起。袁世凯在晚清政府时期首先推行警察制度，率先创办警察教育，中央政府将其经验向全国推行，谕令各省仿建，并在中央筹建设警务学堂，成为高等警察教育的开端。

一、晚清西方警察现象的观察、传播与早期实践

鸦片战争敲开了中国的大门，也引发了国人"师夷长技"的热情。中国租界内的一些西方现象受到关注，警察名列其中。在《沪游杂记》一书中，葛元煦介绍了上海租界内的会捕局，认为其"专司访缉租界内盗贼，募用暗查密访之人以通线索"；考察了英法工部局巡捕房，指出"遇有要事，电报传信，迅速无比"，中西巡捕"昼则分段查街，夜则腰悬暗灯""通宵巡绰"。[1]近代改良主义思想家何启、胡礼垣合作发表《中国宜改良新政论议》，提出在中国设置巡捕的设想。[2]郑观应系统介绍西方警察制度，在《盛世危言》中专记《巡捕》一章，首先肯定西方巡捕制度的优越，是"禁止犯法""保护居民"，于"地方民生大有裨益"的泰西善政之一，继而强调中国自通商之后，社会发生变化，"各省奸民布满市廛"，此辈"游手好闲，毫无恒业，挟其欺诈伎俩，横行市肆之间，遇事生风，无恶不作"，甚有众多哥老会匪，活动于长江一带，而捕获者绝少。最后指出解决之道在于"仿照西法，设立巡捕"，并筹谋巡捕设置的方法。[3]甲午中日战争后，变法维新呼声日益高涨，康有为、盛宣怀、胡橘芬等人在奏议变法时，均提出过学习近代西方警察制度的主张。[4]1898年5月，康有为正式向光绪皇帝上奏，建议仿照德、日，一方面裁汰绿营，放旗兵，改营勇为巡警；另一方面编练新军。7月，又再次上奏

---

① 葛元煦：《沪游杂记》，上海古籍出版社1989年版，第10、12、21页。

② 李宁：《略论促成清政府建立近代警察制度的主要原因》，《河北法学》2004年第1期，第95页。

③ 夏东元：《郑观应集》，上海人民出版社1982年版，第512—513页。

④ 张利荣：《清末民初甘肃的警政建设》，暨南大学2007年博士学位论文，第23页。

提请创设巡警。①胡橘芬指出，应在各城乡市镇设立巡捕，"仿照西国巡捕之制，城乡市镇、人物辐辏之区所，设巡捕由官督率，而分稽查之职，于绅董……"②。黄遵宪曾以清政府驻日公使参赞身份东渡日本，仔细考察了"日本的历史和现状，特别是日本的各项制度"③，在《日本国志·职官志》中专作"警视厅"，详细介绍日本警察的编制和职责，声言"警察一局，为万政万事根本。……警察者，治民之最有实力者也"④。晚清国人对西方警察制度的关注和推崇，为其引进奠定了基础。

晚清中央政府对朝野中建立近代警察制度的建议态度冷淡、反应迟缓。但是，警察制度移植实践在舆论声中悄然开启。1898年7月，黄遵宪参照日本警视厅和上海等地租界的巡捕制度，以官绅合办的形式在长沙创设湖南保卫局。其组织结构如下：长沙设总局一所，下设分局5所，总局居城中，分局设于城东、城南、城西、城北、城外；每分局辖小分局6所，共计30所。每小分局辖地一段，全城按街道等划为30段；另设迁善所5所，附于5分局。总局设总办1人，由抚宪札委，以司道大员兼充；分局设局长由同通州县班充；小分局设理事委员1人，负责局务。⑤保卫公所职责为"去民害，卫民生，检非违，索罪犯"⑥。维新变法失败后，湖南保卫局被裁撤，虽然其存在时间短暂，仍是国人学习西方警察制度在地方上的一次有益尝试，"作为中国警政的萌芽被载入史册"⑦。

二、京津建警与谕令全国推行

八国联军侵华战争后，京城治安失去控制，"土匪纷纷抢掠，闾阎骚

---

① 中国史学会主编：《中国近代史资料丛刊·戊戌变法》（二），上海人民出版社1957年版，第227、256页。

② 中国史学会主编：《中国近代史资料丛刊·戊戌变法》（二），上海人民出版社1957年版，第284页。

③ 吴沙：《广州警察制度研究》，中山大学2009年博士学位论文，第18页。

④ 黄遵宪著，钱钟联笺注：《人境庐诗草》，中国青年出版社2000年版，第947页。

⑤ 蔡开松：《湖南保卫局述论》，《近代史研究》1990年第1期，第112页。

⑥ 《湘报》第七号，光绪二十四年二月出版，转引自常兆儒、俞鹿年：《中国警察制度史初探》，《学习与探索》1983年第2期，第61页。

⑦ 黄晋祥：《日本与清末警政》，《历史教学》1998年第3期，第46页。

扰，民不聊生"①，不得不依赖各国侵略势力建立的各种保安机构。1901年初夏，驻京联军撤走，交还地面。北京治安秩序重建与维护任务交与清政府，鉴于在联军占领时，具有西方警察色彩的保安公所等临时性治安机构有效施行治安管理权利，联军又以"须目睹中国竭力设法保护外国人及铁路诸物方能退去"相迫，京城善后协巡总局应时而生，由奕劻率礼部尚书世续、大礼寺少卿铁良、住居右翼地面正黄旗汉军都统广忠与署仓场侍郎荣庆办理。总局下设分局10处，驻内城和皇城，各分局设总办、帮办、警巡等官，设有若干个巡捕处，各巡捕处设巡捕长1名，巡捕4到10名。"'每日需派绅董、巡捕官督催巡捕长昼夜分班巡查'，缉拿盗贼，审理人犯。"②9月12日，清政府发布改革兵制上谕："各省制兵防勇积弊甚深……著各直省将军督抚将原有各营严行裁汰，精选若干营，分为常备、续备、巡警等军，一律操习新式枪炮，认真训练，以成劲旅，仍随时严切考校。"③此上谕拉开近代警察制度移建中国的帷幕。1902年5月，晚清政府于京师设立内城工巡局，令肃亲王善耆为步军统领兼管工巡局事宜，设分局6处，即东安、西安、东北、东南、西北、西南各局，每分局划分巡捕段若干处。次年合并为中、东、西3分局④，以"维持治安，缉拿盗贼"为第一要务⑤。

在京师筹建新式治安机构以应当时治安控制需求之时，直隶总督袁世凯亦在思考如何有效管理畿辅重地，却不违背《辛丑条约》关于中国政府不在距离天津租界20公里范围内驻扎军队的规定，终以"仿西方而设近代意义的警察"为"解决难题的最好途径"⑥。袁世凯指出："各国警察，为内政之要图，每设大臣领其事。盖必奸宄不兴而后民安其业，国本既固而后外患潜

① 中国第一历史档案馆：《义和团档案史料》上册，中华书局1990年版，第606页。
② 韩延龙主编：《中国近代警察制度》，中国公安大学出版社1993年版，第85—86页。
③ 《清实录·德宗景皇帝实录》卷485，中华书局1987年影印版，第417页。
④ 蔡恂：《北京警察沿革纪要》，张研、孙燕京主编：《民国史料丛刊》第197册，大象出版社2009年版，第22页。
⑤ 韩延龙主编：《中国近代警察制度》，中国公安大学出版社1993年版，第91页。
⑥ 刘锦涛：《袁世凯警政思想初探》，《历史档案》2008年第4期，第86页。

销。且国家政令所颁，于民志之众违，可以验治理之得失，而官府所资为耳目，藉以考察舆情者，亦惟巡警是赖。直隶自庚子以来，民气凋伤，伏莽未靖，非遵旨速行巡警，不足以禁暴诘奸，周知民隐。"①早在1902年5月，袁世凯于保定省城率先创办警务总局一所，分局五所，"遴委干员筹办，挑选巡兵五百人，分布城厢内外，按照章程行之两月，地方渐臻静谧，宵小不至横行"②。所以，天津交接之际，袁世凯招募警兵3000名，设立天津巡警总局，1500人驻天津，1500人分布西沽、塘沽、山海关、秦皇岛、北塘等处分局。袁世凯创办警政的办法受到清政府的推崇，上谕各省仿照天津模式办理警察，"前据袁世凯奏定警务章程，于保卫地方一切甚属妥善。著各直省督抚仿照直隶章程奏明办理，不准视为缓图，因循不办，将此通谕之"③。

总之，在京津地区传统治安模式向近代警察模式过渡之际，光绪皇帝谕令各省仿照京津地区执行，全国建警风潮渐兴。

三、直隶与中央警察教育的兴起、示范与引领

"民无教育，徒加以优美之政治，不贻盲人瞎马之诮者几希矣。欲求政治之进行而不以教育为入手之方针，其不贻敷衍皮毛之讥者几希矣。……而警察中之教育亦在其列矣。"④警察教育兴起伴随警察制度移建。袁世凯在直隶地区创办的警察教育开国内先河，中央政府创办京师警务学堂示范作用明显，二者推动全国警察教育开展。

（一）袁世凯首创直隶警察教育

1902年7月，袁世凯创办保定警务学堂。学堂诸务由巡警局总办兼理，设提调1员辅助；聘募警务总教习、帮教习、口授警法教习、操法教习等4名；学堂中的官学讲堂3个月毕业，兵学生初等课程3个月毕业，中等及高等课程

---

① 天津图书馆、天津社科院历史研究所编：《袁世凯奏议》中册，天津古籍出版社1987年版，第604页。
② 天津图书馆、天津社科院历史研究所编：《袁世凯奏议》中册，天津古籍出版社1987年版，第605页。
③ 《清实录·德宗景皇帝实录》卷505，中华书局1987年影印版，第674页。
④ 赵志飞主编：《中国晚清警事大辑》第1辑，武汉出版社2014年版，第37页。

均2个月即可毕业。[①]1902年冬，袁世凯在天津设立了巡警学堂，并"饬令各巡局官弁兵丁分班肄业，延订洋员充当教习，编译外国警务诸书，立定课程，为之讲贯，务令一兵一弁皆由训练而成"[②]。1903年，保定巡警学堂搬至天津，与天津巡警学堂合并，改称北洋巡警学堂。1907年，北洋巡警学堂重订章程，规定北洋巡警学堂设职员14人、教员21人。招生分两部分：第一部分学员（内部警官）200人，其中，官费100人，自费100人；第二部分为学生（新招募）160人，均为公费。学籍设置为学员2年毕业，学生1年毕业。[③]至1911年6月，这个学堂先后招收了7班学员，毕业生总数达1300多人，成为仅次于京师的全国第二大警察教育基地，京津两地警察教育的蓬勃开展对各地警政建设产生了巨大影响，各省纷纷仿效。[④]

（二）晚清中央政府创办京师警务学堂

晚清中央政府创办的警察教育由京师警务学堂开始，并逐步发展为高等警察教育的典范。

1901年，清政府为"应创办警察之急需"，着手筹办教育机构。8月14日，奕劻与日人川岛浪速订立开办京师警务学堂合同，指出"大清国政府拟日后办理警务事宜，是以在北京设立警务学堂，并选派学生十名赴日本学习警务聘请大日本川岛为监督办理学堂一切事宜，并日后带领学生赴日本学习。约定每月薪俸四百元。以三年为期，期满后留用与否，彼时再议。所有学堂内聘用日本教师若干名，支付一切经费，均归川岛一手经理。学成之巡捕，由川岛考定登记、申报录用，派出当差后，亦由川岛随时访查勤怠，以定升降"[⑤]。1902年，颁布《京师警务学堂章程》，该章程旨在短时期内为警察机构培养具备初步警务

---

① 天津图书馆、天津社科院历史研究所编：《袁世凯奏议》中册，天津古籍出版社1987年版，第615页。

② 天津图书馆、天津社科院历史研究所编：《袁世凯奏议》下册，天津古籍出版社1987年版，第1056页。

③ 《警史钩沉》第1辑，武汉出版社2013年版，第52—53页。转引自马玉生：《中国近代中央警察机构建立、发展与演变》，中国政法大学出版社2015年版，第50页。

④ 刘锦涛：《袁世凯警政思想初探》，《历史档案》2008年第4期，第89页。

⑤ 肖朗、施峥：《日本教习与京师警务学堂》，《近代史研究》2004年第5期，第38页。

知识的警察官吏，以初等警察教育为主，包括总则、职制、教科、学期、课程、入学、退学、考试、给与及贷与、赏罚共8章46条内容。[①]其中，第2章职制方面，规定了京师警务学堂教职员的职务分工制度，包括教职员担任的职责及具体教学工作内容等；第3章"教科、学期、课程"中规定学堂教科分为三等，即初等科、中等科、高等科三类，并详细规定了每一类的录取条件、学期持续时间、课程等内容；第4章中规定了学生入学后的要求，以及学生在就学期间出现患病、10日以上无故旷课、成绩不佳、品行不端、行为有伤学堂等情况，则斥离学堂等规定；第5章中对毕业考试也有考勤的要求，即各学期出勤率不到1/3的不记录考试成绩；第6章规定了学校节假日时间和放假天数及学生就学期间办理请假要求等内容；第7章在给与及贷与中规定学堂学生出勤与分发津贴办法；第8章赏罚中规定了学生在品行良好及学业成绩在90分以上者要受到表扬和奖赏以示鼓励，品行不端及荒怠学业者要罚津贴以示警戒等内容。[②]

京师警务学堂在近代警察教育中起先导作用，尽管存在办学粗略、教育结构单一、教学质量低等问题，但它在形式上建构了较完整的警察教育体系，为后期的警察教育发展奠定了根基。[③]1906年9月，清政府在京师警务学堂基础上开办高等巡警学堂，派补用道员唐家桢为学堂总理，巡警部警学司员外郎熙栋总核学堂事宜。

第二节　微观社会环境

辽宁警察教育伴随辽宁警察兴建而起，在晚清中央政府的宏观引领

---

① 韩延龙主编：《中国近代警察制度》，中国人民公安大学出版社1993年版，第234页。
② 肖朗、施峥：《日本教习与京师警务学堂》，《近代史研究》2004年第5期，第50、54页。
③ 陈兰英：《近代中国警察教育法制之嬗变》，《学术探索》2019年第2期，第67页。

下，受区域因素影响，地域性特征比较明显。庚子年间，辽宁地区义和团对俄国势力冲击尤为严重，俄国以此为借口增兵，试图扩大势力范围。俄日两国对辽宁地区的侵略意图碰撞，引发日俄战争，使社会各业千疮百孔，民众流离失所，甚至走上犯罪道路。警察治安体系建置过程中，需要提升警察总体素质，使之从内政方面应对本地社会失序与日俄侵略危机。此外，警察制度在辽宁地区的普遍建置，需要警察教育配合，共同提升警察行政能力。

一、控制匪患需要户政警务人员

俄国对辽宁地区义和团运动的镇压和随后的日俄战争，将辽宁地区匪患推向高潮。"俄人乘隙出兵黑河，沿鸭绿江袭据东三省东南半壁直抵旅顺，中国兵不敌纷纷溃败，与各地土匪结合，恣意掠夺，时局顿形昏暗。是年冬俄兵到新，绅商筹设工商局一处专为供应俄兵之需索，四乡则任由兵匪杀烧掳掠为所欲为，民不聊生，于此为最。"[1]奉天所有各项军队溃散各处流而为匪行劫夺之事，"攻屯略堡无处无之""当地强豪亦奋然崛起联为一气""兵也匪也，兵即匪也，匪亦兵也"[2]。义和团运动被镇压后，辽宁各地盗匪泛滥。兴京"庚子以还，旗兵废弛盗贼蜂起，无地无之，……以辛丑忠义军一役城破官走贼氛之盛无逾于兹，嗣后虽经粉平，而宵小跳梁杀人越货扰在乡曲者实繁有徒"[3]。怀德县"自庚子以来盗患常剧于他县，斯民之懦弱者固迁避不遑，而强黠者更附之以逞暴"[4]。1904年2月10日，日本为阻止俄国独占东北，正式宣战。战争中，日俄两国官兵公然抢劫，各地民众损失无数。"新民县街与治属之小塔子、东西蛇山子、公主屯长山子、班家屯老边

---

① 王宝善修，张博惠辑：《新民县志》，成文出版社有限公司1974年影印版，第339页。
② 徐维淮修，李植嘉纂：《辽中县志》，成文出版社有限公司1974年影印版，第478页。
③ 沈国冕修，苏民纂：《兴京县志》，成文出版有限公司1974年影印版，第151页。
④ 姚诗馨、赵声远、荣谊云等修纂：《怀德县乡土志》，《中国地方志集成·吉林府县志辑》第8册，凤凰出版社、上海书店、巴蜀书社2006年版，第545页。

站、大民屯前沙河子、大赵屯郭家窝棚等村镇先为俄兵盘踞，最后日人又更番蹂躏，人民损失不堪计数。"[1]杜格尔德·克里斯蒂在其回忆录中这样描述战后的村庄，"除了破壁颓垣，孤立的墙架，悄然耸立的烟囱外，什么也没有留下来"[2]，"从前，每隔数码就会看到的白杨、松柏和柳树丛，现在都不见了，举目四望，都是光秃秃的大地"[3]。破产农民、失业工人、无业游民、散兵游勇、地痞流氓等趁乱而起，辽西地区最为猖獗，"奉天锦州一带胡匪，旧日本异常猖獗。自本年正月北洋陆军第三镇步马炮等营开驻锦州，乃稍稍为之敛迹。然因不知陆军虚实，屡次尝试"[4]。除辽西之外，在其他地方亦有小股胡匪频繁活动，尤以中、北部为甚。在铁岭地区，1906年4月27日凌晨以及下午、4月28日上午、4月29日接连发生胡匪抢劫伤人事件，有的在铁路上流动作案，打劫车厢内乘客，有的夜闯客栈，实施抢劫。[5]"复城四外盗贼蜂起，抢案迭出"，而"东南一带屡由金界窜来大股，肆意绑掠，甚于他处"。[6]"日俄军兴以来，民困倍极，由是揭竿而起盗弄潢池之众，绑票勒赎几于无地无之，若两围若东边若辽海各地方，又复助桀为虐，噫！奉省之民岌岌乎。"[7]

日俄停战后，剿捕盗贼为要政。湖广道监察御史攀桂指出，"东三省经

① 王宝善修、张博惠辑：《新民县志》，成文出版社有限公司1974年影印版，第340页。

② [英]伊泽·英格里斯编：《奉天三十年（1883—1913）：杜格尔德·克里斯蒂的经历与回忆》，1938年东京日译本，第252页。转引自复旦大学历史系《沙俄侵华史》编写组：《沙俄侵华史》，上海人民出版社1975年版，第414页。

③ [英]伊泽·英格里斯编：《奉天三十年（1883—1913）：杜格尔德·克里斯蒂的经历与回忆》，张士尊、信丹娜译，湖北人民出版社2007年版，第163页。

④ 《锦州胡匪近复猖獗》，国家图书馆分馆编选：《（清末）时事采新汇选》第16册，北京图书馆出版社2003年版，第8791页。

⑤ 《铁岭胡匪之横行》，国家图书馆分馆编选：《（清末）时事采新汇选》第16册，北京图书馆出版社2003年版，第8445-8446页。

⑥ 《奉天督辕营务处为总巡陈玉昆派弁兵同日军赴复城西南一带剿捕贼匪情形给曾祺咨 光绪三十年八月十三日》，辽宁省档案馆编：《日俄战争档案史料》，辽宁古籍出版社1995年版，第186页。

⑦ 《重丈奉天三省民田议》，国家图书馆分馆编选：《（清末）时事采新汇选》第14册，北京图书馆出版社2003年版，第7306页。

变之余……则目前切要之务，莫急于缉捕盗贼一事"[1]。清查户口是控制盗匪有效途径之一。"户籍之调查，则查于未事之先。又于既发支危害，拘捕之，惩罚之，是亦究惩于既事之后矣。"[2]调查时"重在统计各地方及全国之户数口数，并明了人民之一切情况，以作为施政方针。如知某一区域户口稠密，莠民较多，则增加警额严厉监察管理之……""除填写人口姓名外，凡财产、牲畜及生活状况、教育程度、信仰宗教种种，皆须一一查明"。[3]户籍管理体系在西方比较成熟，"欧西各国，均以户籍为内务行政之大端，举凡划分自治区域，规定选举名额，普及教育，征集兵役，整理赋税，以及保护实权，维持治安等事，莫不以户籍为根据"[4]。晚清时期户籍管理由正在筹建的警察机构负责，"行政警察，欲维持社会之公安，首重实际之情形，在清查户籍，何者为土著，为客居，何者为善良，为匪类，苟不详为稽覈，则黑白淆混，良莠不分，奚能达其预防危害之目的"[5]。单纯设警而不教警习政，是不能完成传统治安模式向近代转化的。因此，警察通过学习户口管理方面的理论知识与技术操作程序，能够将户政工作做得更全面、细致。

二、抵制日俄侵略需要新式警务人才

庚子之役与日俄之战，彻底暴露了日俄两国将奉天乃至东北变为殖民地的野心。俄国占领奉天全省后，逼迫奉天省当局签订《奉天交地暂且章程》，企图使"占领奉天以及将占领全东北合法化"[6]，因遭到中国和其他西方国家的强烈反对而不得不放弃。日俄战役后，双方签订《朴茨茅斯和

① 《掌湖广道监察御史攀桂奏东三省乱情日炽请饬速筹剿办折 光绪二十八年二月初八日（军机处原折）》，中国第一历史档案馆、北京师范大学历史系编选：《辛亥革命前十年民变档案史料》上册，中华书局1985年版，第77页。

② 赵志嘉：《户口要义》，世界书局1929年版，第2页。

③ 张恩书：《警察事务纲要》，中华书局1937年版，第331页。

④ 周祥光：《中国户口行政》，商务印书馆1943年版，第1页。

⑤ 赵志嘉：《户口要义》，世界书局1929年版，第1页。

⑥ 佟冬主编：《中国东北通史》第5册，吉林文史出版社1998年版，第304页。

约》，以长春为界，东北南半部分成为日本独占的势力范围。继之中日两国签订《东三省事宜正约》，日本索取了更多权益。俄日两国交替掠夺辽宁地区的矿产、森林、农业等资源，殖民威胁日迫。辽宁"逼处两强邻之间，藩篱尽撤，祸患日深，日俄虽对立，而谋我之目的则一"[1]。1904年8月31日，日本率先在牛庄设置了东北第一个领事馆警察机构。[2]此后，在争夺附属地行政权过程中，将警察设置作为急先锋。中国警察权遭到挑衅与破坏，"近来日人在城内设立警察派出所干预内政，磋商罔应，亟应设法阻止"[3]。日本在铁路附属地建立警察署后，积极行使警察行政管理职能。1907年2月，车站警务署令德元栈等编造门牌；3月，日本人力车夫土屋铳造[4]以日本警务署颁发的营业许可在奉天城内抗不纳捐；4月间，日本警务署在西塔附近遍帖警字号牌，将奉天警察局颁发的户口牌揭去，并发单差传西塔附近各家华人到铁道警务署议卫生事件[5]。此类侵害奉天省警权事件不胜枚举。与此同时，日本加紧在商埠设置领事馆警察机构。1906年奉天总领事馆开设后，领事馆警察机构随之设立。9月27日，巡警总局禀报盛京将军兼奉天省总督赵尔巽，日本在奉天巡警总局辖区内设置派出所两处，一处在一局一区第198号门牌户部衙门院内，有日本外务省巡查荻原市太郎、上原助五郎、井上定之郎三人，悬挂日本警察派出所；一处为小西边门外善缘寺，有巡查伊藤义助、宫尾武八、今井直吉三人。[6]表2-1为晚清日本领事馆警察设置的大致情况。

① 沈云龙著：《徐世昌评传》，台北传记文学出版社1979年版，第34页。

② [日]《外务省警察史》第7卷，不二出版社1996年版，第6页。转引自李鸿锡：《日本驻中国东北地区领事馆警察机构研究——以对延边地区朝鲜民族的统治为中心》，延边大学2007年博士学位论文，第13页。

③ 《考查奉天省情形单》，徐世昌：《退耕堂政书》，文海出版社1968年版，第244页。

④ 一为土屋鹈造，见解学诗主编：《满铁附属地与"九一八"事变》，《满铁档案资料汇编》第13卷，社会科学文献出版社2011年版，第224页。

⑤ 《奉天交涉总局给赵尔巽的呈》（1907年5月23日），辽宁省档案馆编：《日本侵华罪证档案新辑》第1册，广西师范大学出版社1999年版，第418页。解学诗主编：《满铁附属地与"九一八"事变》，《满铁档案资料汇编》第13卷，社会科学文献出版社2011年版，第219、220、224页。

⑥ 《奉天巡警总局给赵尔巽的禀》（1906年9月27日），辽宁省档案馆编：《日本侵华罪证档案新辑》第1册，广西师范大学出版社1999年版，第397页。

表2-1　清末日本设置警察一览表

县名	驻在地	机关名称	设立年月
奉天省会警察厅	一署东华门外七十三号	派出所一处	光绪三十一年
奉天省会警察厅	一署小西门里四百五十四号	派出所一处	宣统三年十月
奉天省会警察厅	四署子孙堂胡同公字四号	派出所一处	光绪三十二年七月
昌图县	县城内	关东都督府铁岭领事馆昌图出张所	光绪三十一年
昌图县	同江口	警察出张所	光绪三十一年八月
昌图县	县城西关外	警察派出所	光绪三十一年
凤城县	县城街西柴火市	警察驻在所	光绪三十二年四月
开原县	县城内	警察出张所	光绪三十二年十二月
法库县	县城内	警察出张所	光绪三十二年
盖平县	县城内	警察派出所	宣统三年十二月
凤城县	本城柴胡市	设立驻所	光绪三十四年十月

资料来源：《奉天交涉署为送奉天省日本警察署地点人数一览表事给政务厅的函稿》（1919年4月21日），辽宁省档案馆编：《日本侵华罪证档案新辑》第5册，广西师范大学出版社1999年版，第200-206页。

日本用殖民手段将警察行政践行于辽宁地区，一方面侵夺了正在建设、发展中的中国警察权，另一方面给地方主政者敲响了警钟。为了应对日本完善的殖民警察行政，提升辽宁警察群体整体智识，提高警察行政水平，保护区域安全，刻不容缓。因此，辽宁警察教育兴起之际就肩负了抵御日俄殖民侵略的任务。

三、警察制度建置推动警察教育与之因应

庚子之役与日俄之战过程中，辽宁地方行政机构陷于瘫痪，毫无治安控制能力。科罗斯托维茨回忆录中曾有一段关于中国行政权丧失的描写："中国商人被义和团、红胡子搞得最伤脑筋，他们公开站到我们一边，甚至开始

告发匪首，并且还协助我们捕捉这帮家伙。比如：有一天一些商人绑着十个被指控行劫的红胡子来到领事馆。商人们请求领事判处他们死刑，以便杀一儆百。这在商人来说是极其自然的事。"①此外，战后辽宁地区与京津地区接收情况相似，社会秩序的规复受到条约的限制。《中俄交收东三省条约》中第三条规定："俄兵未退之际，驻扎东三省中国兵队之数目及驻扎处所，中国允认除将军与俄国兵官筹定必须敷剿办贼匪弹压地方之用兵数，中国不另添练兵。"②中日在会议东三省事宜时，日本坚持中国地方官"在未撤兵地方派兵剿匪，须先商酌日本驻扎武官"③。俄国甚至提出酌设巡捕代替军队整顿治安。④

在亟须建设强有力治安控制体系、条约制约军力扩展、中央政府谕令建警等综合因素作用下，辽宁各地警察机构开始迅速筹建，清末各县基本覆盖。

奉天省城最先推设警察制度。⑤1902年3月，盛京将军增祺在去岁省城设立的保甲局基础上改建奉天省城警察总局，"省城街道厅改为警察总局，直隶于督署，专司省城保安、卫生事宜，置总办一、提调一""分设文牍、承审、收支三处"。总局下分别设立城内、大小东关、大小南关、大小西关、大小北关五处警察分局。"各置巡官一，以蒙古协领荣德总其事。"⑥1904

---

① [俄] 科罗斯托维茨：《俄国在远东》，李金秋、陈春华、王超进译，商务印书馆1975年版，第74页。
② 王芸生编著：《六十年来中国与日本》第4卷，生活·读书·新知三联书店1979年版，第136页。
③ 王芸生编著：《六十年来中国与日本》第4卷，生活·读书·新知三联书店1979年版，第227页。
④ 王芸生编著：《六十年来中国与日本》第4卷，生活·读书·新知三联书店1979年版，第136页。
⑤ 关于奉天省最早开办警察之地区，学界多以奉天省城及新民府街为嚆矢。笔者在翻阅《梨树县乡土志》（著者及出版年月不详，第659-660页）时发现这样的记录：光绪二十六年五月，"鲜公俊英莅任。值戌马仓惶之际，留守出省，道途梗塞，文报已为不通，公则率众登堞，昼夜守城，著剿抚之策，联邦交之欢，改团练为警察，抚降队以恩威，士民无多之。二十九年，傅公宽抵任，未久辞世。三十年，徐公之庆署事。值俄军退居县境，赖警察保卫士民，得以耕耘者大半。三十一年冬，陶鹤章字守芝，署县事。三十二年，改警察为巡警，设巡警总分局，……宣统元年整顿警察，地方赖以安谧。宣统二年创办自治，举办乡防。宣统三年……八月间，值武昌起义，民心惶惶，匪氛四起，公（范一瑞）则鼓励官警，随时剿灭，保护安全"此记载与《奉天通志》《沈阳县志》《新民府志》中所记最先设立警察区域迥异，因资料匮乏，未能探究其真伪，故存疑。
⑥ 《纪内城巡警》，徐世昌：《东三省政略》，社会科学院1989年影印版，第3817-3818页。王树楠等纂：《奉天通志》卷144，"民治二·警察·奉天省会警察厅、奉天全省警务处"，东北文史丛书编辑委员会点校1983年版，第3267、3265页。奉天全省警务处前身与奉天省会警察厅一致，1915年警务处呈设。

年8月，改为六分局，城内设左右两翼分局，城外则删去大小之名，改为东、西、南、北关警察分局。①新民府与奉天省城警察局同年开设，当时只有府街巡警。1902年，新民府知府增韫于府城内设巡警总局，"置总帮办、裁判、提调、总巡长等额。总办由知府兼，城内设分局二，分驻东西街首，专任城厢警备"②。1903年，辑安县、昌图县开始设警。辑安知县"德凯改团练为巡警，力加训练，渐有可观"③。昌图县"规模粗具，计募马步警士二百五十人，分札城镇"④。

1905年4月，赵尔巽任盛京将军，为整顿政局，维持社会稳定，令已设置警察府县进行整顿外，未开办各府县设置巡警，并将四乡巡警同时开办，"按地抽捐，各属设巡警总局，或置总办一，由县或州厅兼，或置巡官一，由巡警道委充，四乡各设分局，置正副巡弁，马步长警若干名"⑤。奉天警察总局改为工巡局，兼管工程卫生事宜。1906年，改为奉天巡警总局，檄道员张锡銮总其事，迁局址到大东门外旧军粮厅署。辽阳、盖平、海城、北镇、宁远、临江、兴京等地均在1905年末派驻新式警察；营口⑥、朝阳、彰武、绥中、凤凰直隶厅、康平、安东、铁岭、复县等地于1906年城设立巡警总局。赵尔巽离任时，奉天省"各属城乡巡警均

① 《纪内城巡警》，徐世昌：《东三省政略》，社会科学院1989年影印版，第3818页。《奏为筹办奉省乡镇巡警情形折》，《赵尔巽档案全宗》106号。转引自郭艳波：《清末东北新政研究》，吉林大学2007年博士学位论文，第187页。
② 王宝善修，张博惠辑：《新民县志》，成文出版社有限公司1974年影印版，第147页。
③ 刘天成：《辑安县志》，成文出版社有限公司1974年影印版，第187页。
④ 程道元修，续金文纂：《昌图县志》，成文出版社有限公司1974年影印版，第141页。
⑤ 王树楠等纂：《奉天通志》，东北文史丛书编辑委员会点校1983年版，第3271页。
⑥ 关于营口最早设置警察的时间有两种记载：一是"光绪三十一年，山海关道梁如浩创设工巡卫生总局"，见于《奉天通志》（王树楠等：《奉天通志》卷144，"民治二·警察·营口商埠警察厅"，东北文史丛书编辑委员会点校1983年版，第3269页）；一是"光绪三十二年初设巡警总局，三十四年改为工巡卫生总局"，见于《营口县志》（杨晋源：《营口县志》，大同二年出版）。据《营口地面交还接受大概情形折 光绪三十二年十一月初七日》（天津图书馆、天津社科院历史研究所：《袁世凯奏议》下册，天津古籍出版社1987年版，第1425页。）中所记：山海关道梁如浩于1906年10月20日与日本签约，21日将营口地面全行接收管理，所有该埠警察、卫生、工程等事一律接管。故笔者以1906年为营口建警时间。又光绪三十四年徐世昌整顿奉天省警制，一律改为警务局，故笔者认为杨晋源称"光绪三十四年改为工巡卫生总局"不准确，应是改为警务局。

已次第开办，新式警察已然遍布奉天全境"①。"奉省自前将军增祺举办警察以来，已历数载，有名无实，规则毫无，加以筹款艰难，马贼充斥，故历任将军皆未有实行。自赵尔巽莅任整顿地面，扩充省城州县警察，虽未组织完全，尚属规模初具。"②

1907年3月到1909年7月间，徐世昌受命担任东三省总督，"各国警政，精密整齐，所以保全国之治安，定人民之秩序"③。故其在任职期间，将奉天省警察建设工作重心放在统一警察官制、机构，厘定警务规制、裁并旧机构，整顿警费征收方面。继任者锡良继续推行徐世昌时期开展的警务建设，警察建置发展较快。

辽宁省警察建置之初，警务人员主要挑选于绿营八旗兵弁。1906年11月，奉天警务学堂总办德裕、总教习忠芳、教习德铨、教习兴贵、教习世荣力主将"奉省各旗兵改办巡警为救积弊而资整顿""奉省各城旗兵均有身家，向与聚而为兵，散而为匪者不同，较之募兵统归协佐管辖以各城旗之兵办各城旗之巡警，呼应灵涌，全省巡警即可联络一气而归划一，此就其所长而利用之者也"。④新招考的警员要求"旗民、士、庶人年在二十上下，曾识文字，不染嗜好，有妥铺保者"⑤。由此可知，警察群体总体教育水平低下，更不具备警学专业知识。警察行政既是国家内政的重要构成，又是国家政务推行的安全守卫，"警察为保护地方公安，维持公共秩序，助长内务行政最关重要。如清查户籍，划区站岗，施行禁令条例，查察有无干违为入手通务，此则由道路而田野，一切保护防卫犹属警政之始基。泊乎营业之探访，检察卫生，救灾之讲求援应，已臻警政之进步。至

---

① 李皓：《浅析盛京将军赵尔巽的奉天警务改革》，《社会科学辑刊》2008年第6期，第154页。
② 《考查奉天省情形单》，徐世昌：《退耕堂政书》，文海出版社1968年版，第244页。
③ 《拟巡警部暨内外城警察厅官制折附单》，徐世昌：《退耕堂政书》，文海出版社1968年版，第133页。
④ 《奉天巡警学堂请变通各旗兵改编巡警禀并督批（光绪三十二年十一月二十六日至二十九日）》，国家图书馆分馆编选《（清末）时事采新汇选》第18册，北京图书馆出版社2003年版，第9644页。
⑤ 《巡警分局示》，《盛京时报》1907年2月1日第3版。

于监临社会演说，限制报纸新闻，戒备啸聚暴动，处置喧哗斗殴，禁捕伪造钱币，私制军火，并防日用燃质各物，皆关于公私之保安。以上如有违警，则归于司法处分，若夫兼明国际公法，交涉保护，并维治外法权，迄是方为警政之极点。东西洋各国，罔不注重警政"[1]。专业警务人才在警政建设中格外重要，但其人数上的匮乏与质量上的低下，警察教育实施显得尤为紧迫。

---

[1] 王树楠等纂：《奉天通志》，东北文史丛书编辑委员会点校1983年版，第3264页。

第三章　晚清辽宁警察教育体系的建构与运行

"我国的警察教育现象（思想），萌芽于军事司法行政于一体的奴隶社会，当时职掌警察教育方面职能的是司徒和士。……在漫长的封建社会里，广义的警察教育都是与政教、军教一体进行的。"[1]清末新政时期，随着西方警察制度的移建，具有学科性质的警察学校教育与对在职警察的培训逐步在全国范围内推行，构成晚清警察教育图景。

第一节　清末辽宁警察官教育的肇兴

1902年年初，辽宁省警察机构开始筹建，但受本地政局影响，警察教育并未开办。1905年，赵尔巽任盛京将军，对警政进行整顿，警察教育逐步走上正轨；徐世昌主持东北新政后，警察教育受到辽宁省地方各级政权的普遍重视，学堂与教练所成为警察教育主体，开启提升辽宁警察群体素质之旅。

一、初设奉天警务学堂

日俄战争后，辽宁地区逐步恢复和发展各类教育，陆续设立奉天高等实业学堂、奉天陆军小学、奉天仕学馆、蒙文学堂、奉天法政学堂、奉天省第

---

[1] 刘祁宪：《公安教育学》，警官教育出版社1998年版，第13页。

一女子高中、女子师范学堂、中等农业学堂、省立第一商高、省立第一工科高中、东三省讲武堂等。[①]警察教育是教育系统的特殊存在。"公安警察学校是培养警察专门人才的重要基地，教学是公安警察学校培养警察专门人才的基本途径。"[②]奉天警务学堂的开办，标志着辽宁省警察学校教育正式开展。

盛京将军廷杰在对奉天警察机构进行调整和扩充的同时，筹备设立了奉天警务学堂。[③]1905年4月，"奏调留学日本毕业警务之官学生忠芳、德铨、兴贵、世荣四员来奉，派充总分教习"[④]；7月，继任盛京将军赵尔巽令警务学堂开学。学堂初设于大南关华严寺胡同，归巡警总局管理[⑤]，后改设于小西边门内路北[⑥]。袁世凯主持开办的保定警务学堂将课程分为三等，即"初等课程（三月毕业）：警务须知，警物要则，管理外国人须知，警察章程，大清律例摘要，礼节，徒手教练，执枪教练，操刀法；中等课程（两月毕业）：监督要义，警察法大意，大清律例摘要，警察章程，打靶法，教练散兵法，小队散开法，小队靠拢法；高等课程（两月毕业）：高等警察法，交涉公法大意，各国警察规则，各国法律大意，打准枪法，中队散开法，中队靠拢法"[⑦]。奉天警务学堂开创之初的课程设置详情因暂时资料不足，未能窥其全貌，但可推测，应与保定警务学堂的课程设置相仿。警务学堂招生也因时人对警察认识尚浅，招考不易。1907年2月，"共教成学生甲、乙、丙三班，吉林省附班学生一班，合计毕业生共得二百五十余名"[⑧]。

---

① 张志强：《沈阳城市史》，东北财经大学出版社1993年版，第145页。
② 刘祁宪：《公安教育学》，警官教育出版社1998年版，第251页。
③ 薛虹、李澍田主编：《中国东北通史》，吉林文史出版社1991年版，第518页。
④ 李皓：《浅析盛京将军赵尔巽的奉天警务改革》，《社会科学辑刊》2008年第6期，第151页。
⑤ 《警务考期》，《盛京时报》1907年2月13日第5版。
⑥ 《警务学堂基址已定》，《盛京时报》1907年2月18日第5版。
⑦ 天津图书馆、天津社科院历史研究所编：《袁世凯奏议》中册，天津古籍出版社1987年版，第617页。
⑧ 赵尔巽：《奏请将总教习候选同知忠芳充补本班以知府选用分教习附生德铨等以知县选用事》，军机处录副奏折（光绪宣统朝）03-5521-012，中国第一历史档案馆藏。转引自李皓：《浅析盛京将军赵尔巽的奉天警务改革》，《社会科学辑刊》2008年第6期，第151页。

总之，奉天警务学堂在百废待兴的环境中开办，学堂规模小、教员少、警学生招考难等问题是现实写照，又是阻碍其发展的因素。但是，该学堂是辽宁地方政府尝试兴办警察学校教育的开端，为近代辽宁警察学校教育的发展奠定了基础。

二、建立奉天高等巡警学堂

1906年9月10日，京师高等巡警学堂正式开设，从"中外人员记举贡生监并原充各项巡警等共有六千余人"中"分期考试遴选精通警学各员，严加甄录"，挑入了"正取240名""副取300名"。"正取者"分属"正科""简易科""专科"。①学堂主要培养警察官吏，按教育大纲开设课程，具体如下：

第一学期：警察学、行政警察法、司法警察法、大清律例、战术学、消防警察法、法学通论、国际公法（平时）、英语或东文、体操。

第二学期：司法警察法、民事诉讼法、大清律例、国际公法（战时）、民法、商法、国际私法、英语或东文、体操。

第三学期：刑法、刑事诉讼法、民法、商法、监狱学、中国现行法制大意、行政法、英语或东文、体操、教练指挥法。②

京师高等巡警学堂的开办，与巡警部尚书徐世昌的支持、参与密切相关。1907年3月8日，徐世昌奉旨授为东三省总督兼管三省将军事务，并授为钦差大臣，5月初抵辽宁省，接任视事。③徐世昌高度关注警察教育，在整顿辽宁警察事务之际，接受奉天巡警教练所学务长忠芳向其条陈的改革警

---

① 韩延龙主编：《中国近代警察制度》，中国人民公安大学出版社1993年版，第240页。
② 《巡警部档案全宗》，案卷号248，中国第一历史档案馆藏，转引自刘海文、殷国辉：《清末巡警部与高等巡警学堂》，《河南大学学报（社会科学版）》2006年第1期，第92页。
③ 贺培新：《徐世昌年谱》（上），《近代史资料》第69号，中国社会科学出版社1988年版，第32页。文中记载徐世昌到奉天省接任视事时间为五月初二，阳历为6月12日。

察教育12条办法。忠芳认为，"欲全省巡警次第认真举办，必先通筹全省巡警教练事宜，方有真效果之收"①，拟"将旧有之警务学堂改为高等巡警学堂以造就高等警官为目的，分正科、简易科、专科，并拟各科课程及章程一百四十八条"②，建议高等巡警学堂招生原则，即由各府厅州县保送，"按照大治、中治、小治各厅保送若干名，又保送各生资格若何均须颁发细章通饬遵办"，具体办法是"通饬各府厅州县，先行详细呈报各府厅州县之总局分局及各区情形如何，各系若干处应用，巡官教习区长各若干员""然后酌核所报情形处所员数统列一全省官弁长警入学肄业表，通计合算""则每府厅州县每次应保送若干、每处应拨派若干、每年某班毕业生若干"即可明定③。9月，奉天警务学堂正式改为奉天高等巡警学堂。而此时全国各地巡警学堂约计"二十余处"，"所拟章程编制课程多未一律"。④辽宁省先行仿京师高等巡警学堂规制进行改革，走在其他行省前列。

1908年10月，民政部颁定《各省巡警学堂章程》，指出"巡警学堂以造就巡警官吏为宗旨"，巡警学堂分为高等巡警学堂和巡警教练所两种，各省省城设一所高等巡警学堂。高等巡警学堂学生由本省举贡生员及曾在中学堂以上毕业者中考选。学生额数由本省督抚根据该省情形酌定，但不得少于50名，学期为3年。但因当时急需警官，各省须于高等巡警学堂内附设简易一科，学期1年，学生人数由各省酌定。⑤奉天高等巡警学堂因在此令颁布前开办，仅在原学堂章程基础上参酌民政部奏定章程进行调整，共定17章197条，详细制定了学堂员司设置、教务教学、学员校内生活、奖惩等方面内容：人员建置上，规定巡警学堂设监督1员；设教务提

① 《通筹（奉天）巡警教练办法条陈》，《盛京时报》1907年7月3日第2版。

② 《改设巡警学堂》，《盛京时报》1907年7月3日第5版。

③ 《通筹（奉天）巡警教练办法条陈（续昨）》，《盛京时报》1907年7月6日第2版。

④ 韩延龙主编：《中国近代警察制度》，中国人民公安大学出版社1993年版，第242页。

⑤ 《民政部奏拟各省巡警学堂章程折并清单》，《大清法规大全》教育部第17卷，考正出版社1972年版，第1509-1510页。

调、庶务提调各1员；设讲授教习员、操练教习2员；设监学2员、文案1员、会计1员、庶务1员、医官1员、书识6名。[①]学员甄选方面，分科进行，规定"正科学生无论旗汉、土著、客籍及有无功名，凡系身家清白者，或有印结，或有妥实保结，皆可投考""简易科学生无论旗汉、土著、客籍，凡系正佐候补、候选及各旗佐校人员皆可投考"，要求各投考者年龄在20岁到30岁之间，并"人品端正，素无嗜好，文理优胜，体格强健，目力清澈"；入选学员不得无故退学，饬令退学除外。[②]课程设置上，奉天高等巡警学堂从正科到专科，课程设置均以警察制度和大清法律为基础，涉及立宪政治相关知识，并设有外国语一门，体现了课程体系的专业性、实用性和现代性，具体见表3-1。

表3-1　奉天省《巡警学堂章程》与《各省巡警学堂章程》中学制及课程对照表

名称		学制	课程名称		
			第一学年	第二学年	第三学年
《各省巡警学堂章程》	高等巡警学堂正科	3年	中国现行法制大要、大清违警律、大清律、法学通论、警察学、各种警察章程、各国刑法大意、行政法、算学、操法、英文或东文	宪法纲要、大清律、各种警察章程、各国民法大意、各国民刑诉讼法大意、国法学、地理详政治地理兼及本处、算学、操法、英文或东文	地方自治章程、国际公法、国际私法、监狱学、各国户籍法大意、统计学、操法、英文或东文
	高等巡警学堂简易科	1年	中国现行法制大意、大清违警律、法学通论、警察学、各种警察章程、地方自治章程、各国户籍法大意、统计学、地理、算学、操法		

---

① 徐世昌：《东三省政略》，社会科学院1989年影印本，第3847-3848页。

② 徐世昌：《东三省政略》，社会科学院1989年影印本，第3853-3854页。

续表

名称		学制	课程名称		
			第一学年	第二学年	第三学年
奉天省《巡警学堂章程》	奉天省巡警学堂高等（正）科	3年	中国现行法制大要、大清违警律、大清律、法学通论、警察学、各国刑法大意、行政法、算学、操法、英文或东文	宪法纲要、大清律、各种警察章程、各国民法大意、各国民刑诉讼法大意、国法学、地理（政治地理兼及本处）、算学、操法、英文或东文	地方自治章程、各省咨议局章程、各种选举章程、国际公法、国际私法、监狱学、各国户籍法大意、统计学、操法、英文或东文
	奉天省巡警学堂简易科	1年	中国现行法制大意、大清违警律、法学通论、警察学、各种警察章程、地方自治章程、各国户籍法大意、统计学、地理（政治地理兼及本处）、算学、操法		
	奉天省巡警学堂专科	1年	大清律、中国现行法制大要、地方自治章程、法学通论、国际警察、各国警察制度、现行条约、统计学、各省咨议局章程、各种选举章制、政治地理、算数、日语、操练		

资料来源：《民政部奏拟各省巡警学堂章程折并清单》，《大清法规大全》教育部第17卷，考正出版社1972年版，第1510-1511页；徐世昌：《东三省政略》，社会科学院1989年影印本，第3849-3852页。

　　《各省巡警学堂章程》对考试的规定较为简略，"毕业考试由本省督抚亲临举行，其附设简易科毕业考试由本省督抚派员会同该学堂监督举行""毕业考试及格者由本省督抚分别给予文凭造册咨部备案"。[1]奉天省《巡警学堂章程》中对考试和分数计算规定得十分详细。

---

[1] 《民政部奏拟各省巡警学堂章程折并清单》，《大清法规大全》教育部第17卷，考正出版社1972年版，第1511页。

考试方面，首先，将入学考试分为三种，即考试论策各一篇、考验身体、覆试论或策一篇。其次，入学授课后应行考试分两种：其一为临时考试，包括随时考（不拘何时各科教员随时考验）、月考（每月下旬不拘何日，各科教员按照授课时间考验，月终将考题及分数表并考卷汇呈教务提调）；其二为定期考试，涵盖学期考（各班学期考由教务提调陈明监督，定期会同各科教员考验学生。分数仍由本科教员评定，呈送教务提调汇总，将平均分数榜示）、毕业考（各班毕业考由教务提调陈明监督，定期会同各科教员考验学生。分数由教务提调会同本科教员评定后，仍由教务提调汇总，并将各学期总分数平均计算榜示）。

分数计算方面，规定："评定考试分数，以百分为满格，平均不及六十分，分算一科不及四十分者，皆不及格。""凡月考统一月内各门功课及立品、勤学分数平均计算；学期考统一学期内各门功课及立品、勤学分数，平均计算；毕业考，统各学期内各门功课及立品、勤学总分数，平均计算。""学生月考、期考及毕业考应按照计分表核算：一、高等、简易两科学生，每月月考一次，按本月中所受之各门功课，仍照每日上课时间分堂考试。各门均以三题为定例。二、每至第五个月为一学期，即改为第五个月之月考为期考，考试五个月所讲授之各门功课，仍照前列分堂试验，但延长时间，均以五题为定例。毕业考试亦同。三、月考既以三题为定例，则每题之满数计三十三分，统三题合计得九十九分，若能书写端正，无违定式，平日上堂亦能恪守规则，毫无过犯者，加奖一分，即得百分之满数。四、期考及毕业考试既以五题为例，则计分之法，每题平均二十分。""学生立品分署另列一门，每月一百分。凡记过者应扣立品分数，如每一小过应扣十分，一大过应扣三十分，余以类推。学生勤学分数亦另列一门，每月作一百分，凡给假者，除丧假在限期内不计外，其事假、病假应扣勤学分数。如事假在三日以内者扣二十分，病假在三日以内者扣十分，余以类推。立品勤学分数与学科分数计算之法，如学科十门，加入立品、勤学为十二门，以十二门分数相加再以十二除之，即为所得分数。"[1]1910年10月，民政部重新拟定《民政部高等巡警学堂章程》，辽宁省的高等巡警学堂照部章进行部分调整，直至清朝统治结束，未有大的变动。

晚清时期，除省城设立警务学堂外，辽宁省部分府州县也于1906年设立警务学堂。4月，朱庆澜接办乡镇巡警以后，"于每分局设立巡警学堂一所，招考文理通顺、身体精强学生六十名入堂肄业"[2]；王永江在辽阳创办巡警学堂，自任校长[3]，"训饬有方，成效卓著"[4]。新民"沈守金鉴创设警务学堂一处，考取官兵两班，学生各三十名，调北洋警员分班教练。时逾二年，毕业员生，前后四班计一百五十余人"[5]。海城知县管凤和在城内天齐庙设警务学堂，"招官费生二十五名，自费生三十五名，教授科目分警察、算学、测绘、操法，肄业三个月，派出练习三个月，即为毕业"[6]。绥中县亦开办警务学堂，认真选录巡警修业，考试合格才能委充。[7]1907年9月，怀德县设巡警学堂，附于县城两等小学堂内，"学生三十人，六个月毕业，至第二班改为八个月毕业，毕业后即行停办"[8]。此外，1907年11月，徐世昌在奉天设立东三省宪兵学堂，以培养宪兵人才，"主掌军事警察，兼辅助地方警察"，并仿照北洋宪兵学堂成例，拟定东三省宪兵学堂行政编制及办学规则。学堂学制1年，学生毕业后编为宪兵队。1908年年末，宪兵学堂又续招第二班，并添设外事警察、刑事侦探两门课程，以利于培养宪兵外事交涉的

---

① 徐世昌：《东三省政略》，吉林文史出版社1989年版，第949页。

② 《巡警进步》，《盛京时报》1906年12月8日第3版。

③ 裴焕星修，白永真纂：《辽阳县志》，成文出版社有限公司印行1974年影印本，第847页。

④ 《王永江办理警政出力请破格录用片 宣统三年四月十三日》，锡良：《锡清弼制军奏稿》，沈云龙主编：《近代中国史料丛刊》续集第11辑，文海出版社1966年版，第1318页。

⑤ 王宝善修，张博惠辑：《新民县志》，成文出版社有限公司印行1974年影印本，第155页。

⑥ 廷瑞修，张辅相纂：《海城县志》，《中国地方志集成·辽宁府县志辑》第7册，凤凰出版社、上海书店、巴蜀书社2006年版，第127页。

⑦ 《警务大有起色》，《盛京时报》1907年1月12日第3版。

⑧ 孙云章、郭兆麟、张玉城修：《怀德县志》，《中国地方志集成·吉林府县志辑》第8册，凤凰出版社、上海书店、巴蜀书社2006年版，第419页。

能力。①

　　韩延龙等研究指出："京师以外各省开办警察教育的初期，并未明确区分高等警察教育与初等警察教育。"②辽宁省警察教育初期未能脱离此种模式。1908年《各省巡警学堂章程》颁布后，警察教育分级趋向明显。奉天高等巡警学堂正科为全省培养中高级警察官，简易科、专科培养初级警察官，为地方府县输送警务人才，使"各府厅州县所需高等警员钧取材于省垣"③，推动奉天全省警务的蓬勃开展。

三、清末学堂警官毕业生发展管窥

　　奉天高等巡警学堂第一批学生，简易科初等班1个，学生88人，1909年7月1日毕业；中等班两个，分别为69人和43人，1910年1月20日和12月20日毕业；高等班1个，学生49人，1911年9月24日毕业。④奉天省《巡警学堂章程》中列出了毕业凭照颁发的相关细则，指出凭照分为毕业凭照和修业凭照两种，各科毕业考不及格者，发给修业凭照。两种凭照有正科、简易科、专科之分，"各科毕业凭照内将各学期考总分数、毕业考统计平均分数，一一注明，且于各科凭照内按照毕业统计平均分署标明最优等、优等、中等、下等字样，以示区别"⑤。学堂简易科学生毕业后由民政长饬发任用，高等科学生毕业后由民政长存记遇缺任用，主要流向为辽宁省各级警察机构，个别被聘到吉林省、黑龙江省警察机构任职。例如，1915年2月，拜泉县"警察所设教练所一处，考取合格学生三十名，延聘奉天警务学堂毕业张玉山充教员，专任教授"⑥。因资料有限，仅以部分学生为例，呈现警务学堂与高等巡警学

---

① 《纪东三省宪兵学堂》，徐世昌：《东三省政略》，吉林文史出版社1989年版，第742页。
② 韩延龙主编：《中国近代警察制度》，中国人民公安大学出版社1993年版，第242页。
③ 《通筹（奉天）巡警教练办法条陈》，《盛京时报》1907年7月3日第2版。
④ 辽宁省教育志编纂委员会编：《辽宁教育史志资料》第2集下，辽宁大学出版社1990版，第628页。
⑤ 徐世昌：《东三省政略》，吉林文史出版社1989年版，第949页。
⑥ 黑龙江省档案馆、黑龙江省地方志研究所编：《黑龙江通志采辑资料》上，黑龙江省档案馆、黑龙江省地方志研究所（内部发行）1984年版，第344-345页。

堂毕业生的发展图景。

高云昆，字芷玉，1882年生于辽阳县泥鳅沟（今属辽阳县柳壕镇黄套村）。奉天警务学堂学生，1906年毕业。历任奉天商埠巡警局稽查，安东（今丹东）商埠巡警总局督操教习，商埠第一、第四区副官，商埠第三、第四区区长，通化整理漂木局委员，通化水警局局长。1913年任安东警察厅厅长，任内创办商埠警察厅消防队。1921年4月任黑龙江省警务处处长兼省会警察厅厅长。1925年，呼海铁路公司在齐齐哈尔成立，任总理。1925年9月至1928年、1930年至1932年，两任松浦（哈尔滨市前身）市政局局长。1927年，北洋政府授予其陆军少将军衔。1930年兼任黑龙江省官银号总办。1931年辞去兼职。①

杨大实，字秀翘，1884年生于开原，就读于奉天警务学堂期间，与同学金维三等人上"两钦使条陈"，提出试办印花税的必要性，指出"试办印花税以息讼端""今者世风尚争，因户婚财产致讼者，有司街门之案半居于是"，试办印花税"不徒国家筹款有耐，即小民不受讼累，更无横征之怨""明定条章，凡户婚财产及交易等事，非确无关碍他人之事，须约同乡着赴本处巡警局或税务衙门，保领印纸作券。如是官府无漏税之虞，小民有社席之安，理财之法孰善于此"。②毕业后，曾任奉天省巡查部长，旋赴日本东京警监学校，后改入东斌学校，学习警察宪兵专科，毕业于日本法政大学。回国后历任开原、复州警察长，奉天联合急进会总务部部长，民国新闻社社长，关外民军第一司令部总参谋兼执法官，孙中山大元帅府大本营咨议。财政部参议，奉天省长公署咨议，广东省长公署顾问等职。③

隋宝光，1882年生于沈阳。奉天警务学堂毕业。1906年任安东商埠警察三区副区长。1909年任鸭浑两江整理漂流木驻辑安分局局长。1910年任鸭浑

---

① 王成科编著：《辽阳近现代人物录》，辽宁民族出版社2010年版，第177页。李骞主编：《辽阳古今人物》，大连出版社1996年版，第58页。

② 《巡警学堂学生呈禀两钦使之条陈 续前》，《盛京时报》1906年11月26日第2版。

③ 蓝薇薇编：《蓝天蔚年谱长编》，上海交通大学出版社2016版，第156页。

两江水上警察厅督察长兼司法科科长。1921年任黑龙江全省警务处第四科长兼省会卫生科长。1923年任该警务处视察长兼保安大队长。1925年任奉天总统府警正。1926年任呼海铁路局局员。1930年任呼海铁路运输事务所所长。1934年任伪满洲国哈尔滨铁路局副科长，同年任龙江省泰康县县长。[1]

修长余，字云汀，1888年生于营口。营口日语学校毕业后，又毕业于奉天警务学堂。原任长春公安局长。1931年九一八事变后任吉林全省警务处长兼全省保卫团总办、吉林清乡局副局长。1932年任伪满洲国首都警察厅总监。[2]1935年逝世。

清末奉天警务学堂毕业的学生多在警察系统内工作，逐步成为警员队伍中的中坚力量。但并不是所有学员的就业都顺风顺水，曾有报道称，奉天警务学堂毕业生"见用者百无三四"[3]。宏观而言，在警察移建趋势下，专业出身的警官被录用是社会制度建构过程中人才需求的必然选择，是主流。九一八事变后，日本殖民者重视原警学出身的警务人员，如修长余因其在警界的业绩曾受重用。

第二节　清末辽宁普通警察教育的开办

"奉省地广民稀，藏奸未靖，自经战祸待治尤殷，非扩充各地巡警断不足以防危害而保安宁，唯风气未开"，"尤固读书之士不知警学之为要而巡警之可贵，漠视不学贻误桑梓，实与各国民人士尊重警察为保民之要者大相

---

① 《吉林文史资料》编辑部编：《吉林文史资料选辑》第20辑，中国人民政治协商会议吉林委员会文史资料研究委员会1987年版，第174页。
② 《吉林文史资料》编辑部编：《吉林文史资料选辑》第19辑，中国人民政治协商会议吉林委员会文史资料研究委员会1987年版，第160页。
③ 《警务生风流云散》，《盛京时报》1907年5月15日第5版。

悬"。因此，普通警察的培育对辽宁地区政局稳定与推进作用尤重。巡警因职责而身份特殊，"责任綦重，必副相当之学术方足以名附实"①。巡警教练所在府厅州县逐渐设立起来。

一、设立巡警教练所，招考警务人员

（一）赵尔巽主政时期创立巡警教练所

巡警教练所主要教育对象为普通警察。"奉天各属创办警察多由乡团堡防保甲改编，并无警察知识"②，若想辽宁"全省巡警次第认真举办，必先通筹全省巡警教练事宜"③。赵尔巽办警务学堂时已经开始重视普通警察教育。1907年2月，奉天省城巡警总局设立巡警教练所，"即以警务学堂改设，用以养成全省警务人员"。巡警总局特出示白话告示，宣讲警察教育的重要性及巡警教练所的教学计划、报考事项，希望民众积极报考。计划"分学课为初级、中级、高级。初级分两学期，十月卒业，第一学期授以普通学，以补其必要之知识，第二学期授以警察学及有关于警察各学课，卒业后勤务，三个月择升入高级，高级卒学一年半至二年。初级卒业以就巡目巡长巡弁，因高级卒业以巡弁巡官及各科股员长用，至中级卒业者择优升"。招收"学有根底之士，二选招三次，每次均先三日在大南关般若寺胡同巡警教练所填写三代报名，并各投小照片一张以杜假冒"④。先后共有近千人报名，参加考试。第一次招收学生约200人，"因内多初级资格者"，赵尔巽对其施行分级教育改革，"拟将此等学生招出其优异者自成中级一班，其程度未到者分两初级班"，于4月3日考试。⑤即"中级李锡麟等七十名，初级甲班德彰等六十名，

---

① 《巡警总局示》，《盛京时报》1907年2月4日第3版。
② 王树楠等编：《奉天通志》卷143，东北文史丛书编辑委员会点校1983年版，第3272页。
③ 《通筹（奉天）巡警教练办法条陈》，《盛京时报》1907年7月3日第2版。
④ 《巡警总局示》，《盛京时报》1907年2月4日第3版。
⑤ 《巡警教练所分班》，《盛京时报》1907年4月4日第5版。《巡警官弁有入中等教练班之消息》，《盛京时报》1907年2月25日第5版。

乙班尉文秀等四十名""毕业期限定以十月为准"。时人赞同这种分级尝试，"将来毕业后准办各城警察，必然大收神效，较之前甲乙丙三班毕业生之程度能不有天渊之别乎？可为巡警者贺，又为诸学员贺"①。各种工课也分门教授，"现妥定课程前五个月授以普通，后五个月授警察专门，以免卒业时致多不及格之憾"②。巡警教练所冯总教习将警察法学、行政学、图画、日本警察法令提要、刑法凡论、数学、日语、操练等八门功课认真教授，学生学习状态良好，"不似前屡以请假出游"③。巡警教练所随后开始第二期招考工作，"投考者共一百四十余人"。由此可见，赵尔巽主政期间对培养基层警察学识十分重视，并在思考警务实践中警察如何处理国家、民众的关系，如第二期考试试题为"警察与国家关系论""警察规则施于民易施于官难必如何能使难者就易策"。④

（二）徐世昌主政时期扩展巡警教练所

徐世昌督任东三省总督后，继续实行巡警教练政策。奉天警察教练所学务长忠芳在《通筹奉天全省巡警教练办法条陈》中，大致规划了普通警察的教育体系和运行规制。忠芳认为，"全省遍设教练所既苦于筹款难艰""且亦有无须设立之处""各府厅县须择要酌设"，而且"府厅州县本非一致""其有可以不设教练所者，可酌设传习所"。⑤他提出，"各府厅州县酌设之教练所、传习所一切办法、职掌、经费及各班课程、学生资格自应妥定章程，至讲堂、操场等处亦应分定规则，俾其遵守，惟所有章程、规则均由省拟定、颁发、通饬遵办，以便稽核而期划一""至府厅州县有未设教练所之处，亦可保送学生入省城或附近之教练所肄业，亦按照该处情形颁发定章通饬遵办""各府厅州县教练所、传习所经费只有专任教员开支薪水，兼差

---

① 《巡警教练所分级》，《盛京时报》1907年4月15日第5版。
② 《巡警教练所工课分门》，《盛京时报》1907年4月5日第5版。
③ 《巡警教练所之整顿》，《盛京时报》1907年4月15日第5版。
④ 《巡警教练所再考详志》，《盛京时报》1907年5月10日第5版。
⑤ 《通筹（奉天）巡警教练办法条陈》，《盛京时报》1907年7月3日第2版。

教员不在此内，其余各员均系局员兼充，并不另开薪水，至杂支各项归该地方官就地筹备，不得另行请款"，各府厅州县教练所、传习所为兴办巡警之基础，需"责成地方官认真办理，以办理之善否为该地方官之功过"。他期望"将来全省自上级至最下级警员均以由学堂及教练所出身为正途""旧日派充警员未经入学者亦须更番来堂补习，毕业后再行派充，以期全省警察措施一律由各处警学毕业"①。徐世昌支持忠芳的建议，主持推广巡警教练所。1907年9月，"将学堂原有之兵生另立专校拨归肄业，挨班招考""学额二百名，分甲乙两班，一律住所学习"。1908年2月15日，初等班99人毕业，3月10日，中等班143人毕业，由巡警总局补用。②

　　民政部颁布的各省巡警学堂章程对巡警教练所的人员设置、学生与教学管理、课程安排等做了规定。指出，教练所设所长一员，"承本管地方官之命总理全所事宜"；教务委员、庶务委员各一员，"协同所长办理主管事宜"；"教习无定员"，按照所开设科目担任教授。府厅州县设置警察教练所，"学生名籍每届年终由地方官册报本省巡警道，汇齐申送督抚咨部备案"。教练所设置的课程主要有"国文、大清违警律、警察要旨、政法浅义、地方自治大意、本处地理、操法"。毕业考试由"巡警道派员会同各该地方官举行，及格者由地方官给予文凭造册呈报本省巡警道，汇齐申送督抚咨部备案""作为地方巡警之用，其成绩最优者得派充巡长"。③徐世昌主持调整辽宁省巡警教练所规制，设所长一人，由巡警学堂斋务长兼充，其他庶务、教务也多由学堂人员兼任。④教练所招生，"遵部章以百名为足额，毕业限一年，各属有八个月或半年毕业者，其学额则视各属经费多寡为之增

① 《通筹（奉天）巡警教练办法条陈》，《盛京时报》1907年7月3日第2版；《通筹（奉天）巡警教练办法条陈（续）》，《盛京时报》1907年7月6日第2版。
② 辽宁省教育志编纂委员会编：《辽宁教育史志资料》第2集下，辽宁大学出版社1990版，第628页。
③ 《民政部奏拟各省巡警学堂章程折并清单》，《大清法规大全》教育部第17卷，考正出版社1972年版，第1510-1511页。
④ 徐世昌：《东三省政略》，社会科学院1989年影印本，第3887页。

减"。教授7门课程，即国文、大清违警律、警察要旨、政法浅议、地方自治大意、奉天地理、操法；教员至多不超过5人，多由警所人员兼充。[①]并规定各地方巡警教练所必须收考"年在25岁以上、身体强壮、文理粗通、未受刑事处分"的"本地人"。[②]在经费有限的情况下，由政府负责警生的部分膳食费用。[③]巡警教练所其他规制仿巡警学堂。

尽管辽宁"各属警察教练所未能遍设"[④]，但辽阳、新民、安东等地仍遵令创办了巡警教练所。1907年，安东商埠警务总局"为巡捕补习警务起见"[⑤]，开设教练所。同年，辽阳巡警总局创办巡警教练所，每班60人，两月毕业，前后毕业8班。1909年，"遵新章，教练所招生六十人，一年毕业，后又补招两班"[⑥]。1908年，新民警务学堂裁撤，成立警察教练所，位于县城马路东侧。学员停课后进行实地练习，如"巡逻站岗等类"[⑦]。

（三）锡良主政时期继续增开巡警教练所

锡良，字清弼，姓拜岳特氏，镶蓝旗蒙古人，1874年（同治十三年）进士，从山西某知县任起，历任知府、布政使、巡抚，1903年至1906年任四川总督，"以课吏为图治之本，练兵为弭患之方，筹款以裕度支，节用以恤民力"[⑧]，颁布了一系列政令，"从而促进了四川政治、经济、文化、军事的缓慢变化，推动了四川近代化的进程"[⑨]。1907年至1908年任云贵总督。云南地处边疆地区，受自然环境、交通等因素的掣肘，其发展与内地省份相比较为滞后。锡良"力图改变云南落后的局面，极力全面推行新政""在筹办赈

---

① 王树楠等编：《奉天通志》卷143，东北文史丛书编辑委员会点校1983年版，第3273页。
② 徐世昌：《东三省政略》（七），社会科学院1989年影印本，第3811页。
③ 《警生退学追缴膳费》，《盛京时报》，1907年10月19日第5版。
④ 王树楠等编：《奉天通志》卷143，东北文史丛书编辑委员会点校1983年版，第3273页。
⑤ 《警务局添设练习所》，《盛京时报》，1907年4月4日第5版。
⑥ 裴焕星修，白永真纂：《辽阳县志》，成文出版社有限公司1974年影印本，第847页。
⑦ 《巡警学生实地练习》，《盛京时报》，1909年3月1日第5版。
⑧ 中国科学院历史研究所第三所主编：《锡良遗稿》上册，中华书局1959年版，第344页。
⑨ 胡秋菊：《锡良地方施政举措及得失（1903—1911）》，东北师范大学2008年硕士学位论文，第5页。

务、革新政治、编练新军、兴办教育四个方面最具成效"。锡良在云南的改革，加强了边疆民族地区的治理与稳定，推动了云南近代社会的发展。[①]1909年2月到1911年春，锡良受命为钦差大臣兼东三省总督，他以丰富的理政经验，"抵制日俄侵略，领衔督抚奏稿，参与宪政改革"[②]，推动东北新政发展。

锡良到任后，连日与徐世昌"详谈三省要政"[③]。锡良尤其注重教育，"奉省现设维城学堂，专为造就宗室、觉罗子弟，规则颇见整齐。又三省各有满、蒙学堂，令各蒙王公、台吉一体遣送子弟就学，成绩亦有可观"[④]。但"奉省旧族昔日大都以门荫之故，故虽不学问亦可作官。至于平民则亦不注重学问。故至今日虽学堂林立，而学生程度则终不及内地也"[⑤]。警察教育亦是如此。锡良通筹分析当时辽宁警察开办中存在的问题和解决路径，认为唯有加强警察教育，授以专门警察学识一途，通过警务改革条例可见一斑，详录于下：

省城巡警规模粗具，精神不整，尚不能完全保护人民之权利生命，盖当其局者不尽为深谙警务之人，且机关不一、呼应不灵，故不能尽善也。外属巡警系就原有之练勇改充者，其营混积习终不能免，且为其长官者亦皆昔日之营弁，不谙警章不悉职务，巡警扰民互相冲突之事时有所闻；亦有以绅董为巡弁者，其弊之所积则至于恩怨互报焉。而为二者之通弊者，则为虚报警兵额数以吞没其饷项一事也。巡警本为府县官所监督之事务，然府县则多不能力行之，敷衍了事者甚众。巡警之额数如何全不检察，是以巡弁得以舞

① 袁文权：《清季锡良督滇与边疆治理研究》，《文山学院学报》2022年第4期，第51页。
② 连振斌：《近四十年锡良研究综述》，《内蒙古民族大学学报（社会科学版）》2011年第1期，第19页。
③ 《徐世昌年谱》上，中国社会科学院近代史研究所近代史资料编辑部编：《近代史资料》第69号，知识产权出版社2006年版，第37页。
④ 《考察东省情形整顿内政折 宣统元年六月二十二日》，锡良：《锡清弼制军奏稿》，沈云龙主编：《近代中国史料丛刊》续编第11辑，文海出版社1974年版，第927页。
⑤ 《锡良档存学务改革条例》，中国社科院近代史所编：《近代史所藏清代名人稿本抄本》第3辑第124册，大象出版社2017年版，第122—123页。

弊也。其改良之法唯有尽易巡官以警务学生，设巡警教练所以教练现有之巡警耳；或有建改散现有之巡警，另招募良家子弟教练数月以之为府县之巡警者，然此法万不可行。其故有二：一，若解散之则此等之辈必编为游勇将来盗匪必定充斥；二，学生不适于奉天之巡警，此蓋因奉天巡警带有特别性质故也。奉省胡匪之强悍断非寻常之人所能敌，其行踪之诡秘亦非寻常之人所能知。若易以学生，虽云能遵警章以行其职务，而对于胡匪之劫掠则莫可如何。故现有之巡警不可尽行改易，唯有设教练所教练之而已。今日外属之有教练所者则仅数大县有之，如辽阳、铁岭等处，其余则未设备。此诚整顿巡警之第一要务也。①

既然"执行警务全在警兵，警兵无学则形式徒具"，锡良"通饬各属，限期设立教练所"。②辽宁各属未设教练所之处，开始筹设。如梨树县，"设巡警教练所，所内设所长一人，教习二人，书记一人，招取合格学生四十名为一班，期年毕业，所有膳费服装悉由官备"。1910年秋，第1班毕业，续招第2班，1911年秋毕业。③同年，彰武设立巡警教练所，体制比较完备，具体见表3-2。

表3-2 1909年彰武县教练所员司职务、薪俸一览表

员司名称	人数（人）	职务	月支薪饷预算（元）
教练所所长（警务长兼）		管理全所事务	不支薪
教务委员	1	经理全所教务事宜	20
庶务委员	1	经理全所一切杂务	20

---

① 《锡良存档巡警改革条例》，中国社科院近代史所编：《近代史所藏清代名人稿本抄本》第3辑第124册，大象出版社2017年版，第113—116页。

② 《筹备宪政第二届成绩并第三届筹办情形折 宣统元年八月二十五日》，锡良：《锡清弼制军奏稿》，沈云龙主编：《近代中国史料丛刊》续编第11辑，文海出版社1966年版，第964页。

③ 曲廉本修，李溶、范大全等纂：《梨树县志》，《中国地方志集成·吉林府县志辑》第9册，凤凰出版社、上海书店、巴蜀书社2006年版，第397页。

员司名称	人数（人）	职务	月支薪饷预算（元）
教员	2	分任教练	30
堂役	4	供奔走司炊事	5
共计	8		120

资料来源：《彰武县志》，修纂人及修纂年月不详，《中国地方志集成·辽宁府县志辑》第15册，凤凰出版社、上海书店、巴蜀书社2006年版，第679页。

1910年3月，复县招考巡警教练所甲班，"入所学习六个月，九月肄业"。1911年2月，"招考乙班巡警教练所，六个月肄业"[1]。庄河县警察教练所开办，所长由警察所长兼任，"教练学生九十八名，由各区所抽调（一年毕业即停办）。毕业分派官警各差，警务日见起色"[2]。而后，因辛亥风云日急，警察教练事务时张时驰。[3]1911年，辽阳巡警教练所奉"省令照咨议局预算案减教练所经费"，因"辽阳按照部章考取官费生得不扣伙食"，嗣后改由"巡警按区挑入，以资节费"，其余除所长由警务长兼充外，设教务委员一员，兼授课程，设教员一员，助教一员兼办庶务，"是年冬，教练生为革命潮流所趋，暗结党人相率散去"。继任东三省总督赵尔巽力求进行整顿，在巡警教练所课程中加入日语，"庶将来毕业以后派充长警各差，以便遇有前项情事可以随时解化"[4]；制定学生任用办法，即"省城巡警教练所学生前以考试毕业分拨各区实地练习，现经警务局拟定任用简章四条，通饬各区遵照办理，兹将简章照录于后：一，甲班卒业生原系各区保送者，此次拨回各区应照送所以前原等级派充；二，甲班卒业生凡列最优等，原级巡警者准派充巡长，原级巡长者准其提升二级，但无相当之额即以应升之级记

① 程廷恒修，张素纂：《复县志》，成文出版社有限公司1974年影印本，第119页。
② 廖彭修，宋抡元纂：《庄河县志》，《中国地方志集成·辽宁府县志辑》第14册，凤凰出版社、上海书店、巴蜀书社2006年版，第404页。
③ 裴焕星修，白永真纂：《辽阳县志》，成文出版社有限公司1974年影印本，第847页。
④ 《巡警教练所添授日语》，《盛京时报》1911年7月11日第5版。

名，遇额提升；三，甲班卒业生凡列优等者，应准其提升一级，如现无相当之额，仍以应升之级记名提升；四，甲班卒业生凡列中等以下者，应即派充原级，俟最有定优等全行升补后，准其应升之额优先顶补"[1]。

综上所述，晚清辽宁巡警教练所从制度建置、教学管理到毕业安排均自成体系，与巡警学堂体制相似，却未有其完备。此时期巡警教练所主要向社会招考，养成普通警察。同时，巡警教练所也对在职警察进行短期培训，将于下面专题详细考察。

二、培训在职警察

在职培训是"对从业人员进行的不脱离所在生产岗位，并以提高本岗位工作技能为目的的培训活动"，其"培训内容具有针对性和实用性，培训对象具有全员性和普适性，培训过程具有全程性和专业性"。[2]清末，辽宁地区警察制度建置比较仓促，入职警员多无警学知识，即未经历专业警学教育，有些甚至不识文字，恰逢中国由传统社会向近代社会转型的特殊时期，这样的警员素质难以完成保卫清政府内政安全与社会治理的职责。所以，在职培训既是警察机关的需要，又表达了警员不断增长自己的学识，以适应警察机关需求"转换岗位或提升""谋求新的职务"[3]的愿望。中央政府与地方政府积极推行警察教育，一方面，因警学生的培养、民人认可并参与需要一个过程；另一方面，受条件限制，警学开办的数量和招生规模不能满足迅速建立起来的警察机构用人需求。所以，警察教育的另外一种重要形式十分紧迫，即对未有警学智识而在警察岗位执勤的警员进行在职培训。

清末辽宁地区的在职警察培训主要由巡警教练所承担。就目前相关资料所见，第一所在职警察培训机构为西安县警务学堂，开办时间约为1906年

---

① 《拟任用警务毕业生之办法》，《盛京时报》1911年12月16日第5版。
② 吴遵民主编：《终身教育研究手册》，上海教育出版社2019年版，第96页。
③ 刘祁宪：《公安教育学》，警官教育出版社1998年版，第198页。

春。西安县改办巡警总局，将南关营所"改设警务学堂，征各区识字马步巡四十名，于闰四月初七日开学，请以半年毕业，县官考试给凭，是为甲班，又由分局选送马步巡四十名，为速成科，一月修业"。1907年，各区选送40名为乙班。1908年各区选送40名为丙班，"殆八月，知县王孝俉请毕业，巡警道郑以总督徐、巡抚唐令下警务学堂名称与仅定额四十名六个月毕业，皆不符部章"，于是1909年2月改学堂为教练所，"各区再送四十名先令入所肄业，暑假后调回。丙班学生四十名，补习半年并以符部章八十名之额，为两学期毕业，视为教练生甲班"。1910年开办乙班，"各区选送识字马巡各二名，总局二名，共十二名，各区保送考录四十八名，合六十名"。1911年2月，丙班招生40名，乙班不合格者10人入丙班补习。教练经费"人给月膳三元，按所送警士抽提底饷，譬如马巡一名，饷十五元，一人可敷五人之膳，十六人即可敷八十人一般膳费，凡教员杂费乃由警款支千数百元"[①]。1907年，西丰县在小什字街租赁民房，为"未受警察教育之警士"设巡警教练所，"凡未受教育警官警士均须入所训练，所内设所长一人，由警察所长兼任，外有教练员教务员各一人。三个月毕业后习站岗巡逻各职务，然后回原差遇缺以此类毕业者尽先派充，计先后毕业十余班"[②]。同年，开原县东洋警务毕业生乔占九、金铎等为教习，创立警务速成科，以车牌捐为经费，"旋改为教练所，委邑绅田开宇为所长，计前两班共百二十人，六个月毕业，毕业后派充城乡各局巡警以资练习"[③]。1910年，梨树县巡警教练所招收警学生开班后，"附收各区抽调马警四十名为一班"，称之为学兵班，"六个月毕业"，1911年秋学兵"亦毕业两班"，而后不再招取学生，每年教练学兵两

① 雷飞鹏修：《西安县志略》，《中国地方志集成·吉林府县志辑》第5册，凤凰出版社、上海书店、巴蜀书社2006年版，第552页。

② 希廉、周作霖等纂修：《西丰县志》，《中国地方志集成·辽宁府县志辑》第12册，凤凰出版社、上海书店、巴蜀书社2006年版，第536页。

③ 李毅修，王毓琪纂：《开原县志》，《中国地方志集成·辽宁府县志辑》第12册，凤凰出版社、上海书店、巴蜀书社2006年版，第214页。

班，仅由"警察所委教务员一人摄其事，其余讲员均由警所职员兼任，按月酌给津贴，不另支薪，全年经费一千五百三十六元"①。怀德县将巡警学堂改为教练所，"招集长警"，1912年停办②。1910年10月，复县选送巡警入短期教练所，两个月肄业。③1911年，高等巡警学堂高等班附设校外生一班，"录取各府厅州县现职书记以上警务人员""由校分期发给需要之讲义"④。奉天乡镇巡警局"为使教练分局员弁知应尽之职务，兼补未习之学科"，还设立了官长补习所。"将从前未曾入过学堂之巡弁、巡长挑送本教练所，归中等班肄业，以造就程度而重警务。"⑤在不耽误日常工作的前提下，分甲乙两班，轮流入堂学习警察学、算术、操法。甲班"上堂则以乙班代理其事；乙班上堂甲班亦如之"。这样，既不妨碍工作，又不影响学习，"一切办法颇有条理"⑥。

总之，清末在职警察教育与教练所招考的警学生一起构成普通警察教育体系，推动基层警察队伍素质提升，形成警察社会治理意识，加大对内政管理力度。

张恩书曾指出："办理警察教育须适应地方一般环境：以警察职务的繁剧，固应有完备之机关及组织，方能应付裕如。然以我国各省县地方现状之穷困，欲仿照世界各警政先进国的警察制度设施之，绝对无此实力。故我国现今仿效外国警察之处，只应效法其工作的精神效率与处理事务之手段，及一切新的科学方法。负责办理警察教育者，首先须明了此种意义，并认清学校领域内社会、经济、文化及警察行政等的现有情况。然后依此情况，断

① 曲廉本修，李溶、范大全等纂：《梨树县志》，《中国地方志集成·吉林府县志辑》第9册，凤凰出版社、上海书店、巴蜀书社2006年版，第397页。
② 孙云章、郭兆麟、张玉城修：《怀德县志》，《中国地方志集成·吉林府县志辑》第8册，凤凰出版社、上海书店、巴蜀书社2006年版，第419页。
③ 程廷恒修，张素纂：《复县志》，成文出版社有限公司印行1974年影印本，第119页。
④ 辽宁省教育志编纂委员会编：《辽宁教育史志资料》第2集下，辽宁大学出版社1990版，第628页。
⑤ 《乡镇警察补习科之办法》，《盛京时报》1907年3月28日第7版。
⑥ 《巡警官弁入中等教练班之消息》，《盛京时报》1907年2月25日第5版。

定此地方在最近若干年内，需要何种人才，再立定目标进行之。如是，其所造人材方能合于实际之用。"①日俄战后，辽宁地区社会秩序逐步恢复，各种新政开始推动社会转型，而日俄势力仍在不断渗透和掠夺资源。在这样的环境中，警察肩负保卫内政安全的职责，警察群体应具有较强的警察意识，"警察意识是公安教育与警察培训对教育培训对象进行警察专门人才基本训练的内容之一，隶属人才专业素质；它虽没有相应的课程设置，却具有特殊的重要性，必须通过警察技术专业课程和警察实践能力的训练，精心加以培植，使其逐步形成"②。可是，初建的警察制度与警察队伍无不显示出幼稚与青涩。这一时期警察教育中呈现的警察学校、教练所开办数量少、招生规模小等面相与当时社会环境、西式警察制度移建初期主持者认识不足等脱离不开。警察教育是提升警察队伍社会治理水平的唯一途径。辽宁地区警察教育以警务学堂、警察教练所为主要机构，培养警官与普通警察，同时对在职警察进行轮训，基本建立了有效的警察教育体系，为民国时期警察教育的发展与改良奠定了基础，为民国时期辽宁警界管理层输送了人才，表3-3所示即能证明。

表3-3　辽宁省各警察厅局人员资格一览表

厅局别	职别	姓名	资格
省会警察厅	厅长	陶景潜	奉天高等巡警学堂第二班简易科毕业
	督察长	常守陈	中央警察专门奉天分校高等科毕业
	总务科长	张昭瑛	工业学校毕业
	行政科长	薛明三	奉天高等巡警学堂毕业
	司法科长	杜殿元	奉天高等巡警学堂毕业
	卫生科长	陶　静	北京法政专门学校毕业

---

① 张恩书：《警察事务纲要》，中华书局1937年版，第11—12页。
② 刘祁宪：《公安教育学》，警官教育出版社1998年版，第204页。

续表

厅局别	职别	姓名	资格
省会警察厅	第一署长	佟振家	关东都督府警察教练所毕业
	第二署长	陈锡九	奉天高等警务学堂毕业
	第三署长	高国钧	备补学堂毕业
	第四署长	张祖荫	内务部高等警官学校毕业
	第五署长	吴春芳	奉天高等警务学堂毕业
	第六署长	佟玉祥	奉天警察教练所毕业
	保安队长	王云青	盖平警察教练所毕业
	侦缉队长	那庆普	奉天警察传习所毕业
	消防队长	穆文德	警务
营口警察厅	厅长	李家鼎	奉天高等巡警学堂毕业
	督察长	李自新	奉天高等巡警学堂毕业
	总务科长	尚其善	奉天高等巡警学堂毕业
	行政科长	郑云清	内务部警官高等学校技术专科毕业
	司法科长	陈宗蕃	福建省立法政学校毕业
	卫生科长	刘德富	奉天高等巡警学堂毕业
	第一署长	刘凤池	北洋第四镇随营学校毕业
	第二署长	博　权	奉天高等巡警学堂毕业
	第三署长	陈延林	奉天高等警察毕业
	第四署长	潘文彭	黑龙江警察传习所毕业
	保安队长	李维国	警务
	侦缉队长	文士奎	奉天警察传习所毕业
	消防队长	张尔济	中央警察专门奉天分校毕业
安东警察厅	厅长	陈奉璋	内务部地方警察传习所毕业
	督察长	赵钟诚	中央警察专门奉天分校高等科毕业内务部警察传习所毕业

续表

厅局别	职别	姓名	资格
安东警察厅	总务科长	蒋龄益	江苏法政毕业
	行政科长	刘赓祥	内务部地方警察传习所毕业
	司法科长	马成功	北京国立大学法预科毕业
	卫生科长	郑金潞	奉天警察传习所毕业
	第一署长	张维翰	奉天高等警务学堂毕业
	第二署长	祝恩鸿	奉天警察传习所毕业
	第三署长	苗际霖	奉天警察教练所毕业
	第四署长	张德春	警务
	保安队长	王明政	陆军随营学堂毕业
	侦缉队长	王汉臣	锦县警察教练所毕业
	消防队长	李秉海	北洋警务学堂毕业
辽河水上警察局	局长	姜全我	行伍
	总务兼行政科长	姜纯厚	复县简易师范学校毕业
	司法兼卫生科长	乐宝昌	复县师范学校毕业
	第一分局长	郎秉忱	奉天警官传习所毕业
	第二分局长	王俊峰	洮辽镇守使军官团毕业
	第三分局长	赵长生	行伍
	第四分局长	马顺昌	行伍
	第五分局长	孙日升	行伍
	第六分局长	穆赓年	行伍
	第七分局长	徐钺	行伍
	第八分局长	陆荫森	辽河水警补习所毕业
安奉铁路警察局	局长	张成善	北京警官高等学校毕业候补荐任警察官
	总务科长	傅世钧	奉天警官补习所毕业

厅局别	职别	姓名	资格
安奉铁路警察局	第一分局长	李凤山	奉天小学校毕业
	第二分局长	吴锡湘	北京警官高等学校毕业
	第三分局长	徐胪卿	奉天警官传习所毕业

资料来源：《奉天各警察厅局人员籍贯资格一览表》，《奉天警甲报告书》卷下，奉天作新印刷局1925年版，中国社会科学院经济分馆藏。

第四章　民国初期辽宁警察教育的发展与完善

民国成立至九一八事变前，辽宁省警察教育受政局影响，呈现两种状态。1912年至1916年间，省政府官员更换频繁，政策连续性弱，致使警察教育时断时续，曲折推进；1916年以后，张作霖开始掌握军政大权，重视警察制度建设，对警政进行全面整顿，启用王永江、于珍、王家勋等为警务处长，力求将警政与军政彻底分离，意使警察为省内治安力量主体，使其治理社会、抵制日本等侵略势力的扩张。警察教育在此情势下迅速发展，整体素质日益提高，近代化程度加深。

第一节　1912—1916年辽宁警察教育的曲折推进

1912 年 2 月，南京临时国民政府将民政部改组为内务部，以"整顿警政，先从改良警学入手"为方针来兴办警察教育机构和制定警察教育章程[1]，在江南巡警学堂的基础上设置了内务部警务学堂作为全国最高的警察教育学府，并附设内务部巡警教练所。同时，在首都南京各区举办了巡警传习所。地方上，内务部颁发了《内务部规定巡警学校及教练所章程咨各省都督文》，要求各省参考内务部警务学校及其教练所章程，筹办地方巡警教育

---

[1] 韩延龙主编：《中国近代警察史》，社会科学文献出版社2000年版，第301页。

机构。[1]这一系列警察教育法令颁布，旨在推动近代警察教育的发展，但政局动荡，严重影响警察教育的开展。孙中山任临时总统时期，辽宁省仍为赵尔巽为首的晚清封建势力掌控，因此，临时政府公布的《内务部警务学校章程》《内务部警务学校附设教练所章程》[2]《警察学校教务令》《警察学校组织令》[3]未能践行。袁世凯任临时大总统后，非常重视警察制度建置，为统一警权，从改变清末"学堂多，则遴选必不精，系统纷，则精神必不彻"[4]的局面入手，不断调整警察教育。1912年11月29日，他将京师高等巡警学堂改为警察学校，并通令各省停办警官教育。1914年年底，警察学校停办，改设京师地方警察传习所，作为训练在职警官的过渡办法[5]，实际仅培训一期，又在1916年年底停办。袁世凯对警察教育机构的改制与教育相关法规、政策的颁布，带动各省对警察教育的调整。袁世凯去世后，军阀分裂、混战，中央政府势微，辽宁警察教育走向由张作霖为核心的奉系集团主持阶段。

一、1912—1916 年的辽宁政局

武昌起义发生后，东三省总督赵尔巽加强辽宁地区的防卫，组织成立"奉天国民保安会"，并"以全省为范围，依旧有行政区域，各府、厅、州、县，得设保安分会，即以该处现任地方官为分会会长"[6]，防止革命发生。辽宁革命党领导人张榕幻想以和平方式取得政权，不能与赵尔巽为核心的晚清权力集团彻底决裂，于1912年1月12日被杀害。辽宁庄河、辽阳、凤

---

① 《内务部规定巡警学堂暨教练所章程咨各省都督文》，罗家伦主编：《临时政府公报》，中国国民党中央委员会党史史料编纂委员会1983年版，第7页。转引自陈兰英：《近代中国警察教育法制之嬗变》，《学术探索》2019年第2期，第69页。

② 蔡鸿源主编：《民国法规集成》第5册，黄山书社1999年版，第89—100页。

③ 蔡鸿源主编：《民国法规集成》第14册，黄山书社1999年版，第37—41页。

④ 《内务法令辑览》，第十三类，第13页。转引自韩延龙主编：《中国近代警察制度》，中国人民公安大学出版社1993年版，第488页。

⑤ 肖朗、施峥：《中国近代高等警察教育综论》，《浙江大学学报（人文社会科学版）》2007年第1期，第122页。

⑥ 辽宁省档案馆编：《辛亥革命在辽宁档案史料》，1981年内部出版，第50页。

城、安东等地起义队伍也遭到镇压，难以影响全省政局。而后，南京临时政府与袁世凯议和成功，2月17日开始，"北伐军奉命撤回山东烟台，关外都督府宣告解散"[①]。

1912年2月15日，袁世凯宣布接任临时大总统，并派段芝贵到奉天与赵尔巽、张作霖等要员会面，说服其支持实行共和国体。2月18日，赵尔巽通告东北各地实行民国纪元，改悬五色旗。1912年7月17日，东三省都督改为奉天都督，吉黑二省各设都督进行分治。9月，袁世凯安排亲信张锡銮任"东三省西边宣抚使"，11月接替赵尔巽，任奉天都督，节制吉黑两省军务。1915年8月，袁世凯任命段芝贵为奉天将军及巡按使，接替张锡銮。袁世凯主政时期，试图实现对东北地区的完全控制，但因张作霖等地方军事实力派的存在，未能实现。张锡銮与段芝贵的政令，推行起来颇有滞碍。

1912—1916年间，张作霖因协同镇压革命势力，受到赵尔巽、袁世凯的重视，并把握时机，凭借手中的军事力量，逐步扩张在奉天城内的势力。他架空张锡銮，逼走段芝贵，用"奉人治奉"迫使袁世凯于1916年4月22日任命其为盛武将军，23日督理奉天军务，兼代理巡按使。[②]

总之，晚清封建制度结束，建立民主共和政府，实现权力交替，不能一蹴而就，需要一个时期来过渡。在过渡期中，全国各级政府的人事变动、政务交接等都会影响地方政务施行，甚至出现中断。辽宁省各项政务徘徊难进，警察教育也被打上时代烙印。

二、警察教育徘徊难行

袁世凯时期的北洋政府，仍以内务部统领警政，内设警政司，管理行政警察事项、高等警察事项和著作出版事项。[③]警政司下设有五科，第一科掌

---

① 薛虹、李澍田主编：《中国东北通史》，吉林文史出版社1991年版，第525页。
② 李鸿文、张本政主编：《东北大事记1840—1949》上卷，吉林文史出版社1987年版，第469页。
③ 《内务部厅司分科章程（1912年8月29日）》，蔡鸿源主编：《民国法规集成》第10册，黄山书社1999年版，第247页。

管警察机关的设置、区划和配置，警察官吏的任免、赏罚、抚恤及身份的认定，警察成绩的考察，警察教育的管理，警察经费的筹划，警察法规的编查以及不属于其他各科的事项；第二科掌管关于交通、风俗、营业、建筑、狩猎等类警察，关于铁路、盐场、森林、矿山、渔业等类警察，关于地方保卫团的组织和管理，关于火灾消防，关于司法警察、违警处罚和强制处分等；第三科掌管集会结社，非常警察，外事警察，枪支弹药和其他危险品的取缔，预戒命令的执行等；第四科掌管著作物的注册和出版，对报业的管理和新闻查检；第五科掌管特种机务事项。[1]内务部警政司不断调整警察管理事项与制度，努力划一警政，推动辽宁警察教育恢复与发展；但也会因朝令夕改，致使地方警政主持者无所适从，教育成效难以保证。

（一）警察学校的演变与警察官培养

1912—1916年间，辽宁警察教育的主要任务是恢复，并努力在袁世凯主持的中央政府引领下改进。省警察厅长及新成立的警务处处长都在各自的警政整顿计划中列入警察教育，如"挑选资格，非有警学知识及曾在各学校毕业者不得充警官及警士"[2]，"增长警识"[3]，"城内及四乡警士统令归入教练所，轮流教练，或有乡警不识之无成绩、素优击贼蒙奖存记有案者一体改隶游击警队"[4]等。警察官是警察队伍中较早具备警察学识的群体，其教育发展程度影响警察群体的整体发展。在中央政府与地方政府共同努力下，辽宁警察官教育复苏并曲折前行。

1912年6月，省城（奉天）高等巡警学堂改为奉天省警察专门学校。内务司荣司长"以警察为内政之要端，警察之优劣视警官程度为转移，各属之警察官吏由学堂毕业，程度较深者固不乏人，而毫无警察学识者，亦所在多

① 《内务部厅司分科规则》（内务部令第二百五十五号1917年12月8日），《政府公报》第687期，第10—15页。
② 《奉省警察改良之新计划》，《盛京时报》1915年6月20日第6版。
③ 《整顿警察之新计划》，《盛京时报》1916年2月16日第6版。
④ 《张处长整顿警政办法》，《盛京时报》1916年3月21日第6版。

有，倘不明求改良，警察难期有起色之一日，是以将仿照陆军补习办法，凡在各县现充警察官吏，未由学堂毕业者，轮流送省高等巡警学校补习半年，期满再回各处，仍充旧职"[1]。法库县城四所巡官邸敬宣、中区巡官周子耕二人于1914年"送归省城警务专门学校传习警政"，毕业考试成绩优异，均在保荐之列，巡按使饬令暂仍归复原差，候遇缺调委。[2]

1913年12月，依照中央政府命令，取消地方警官学校教育，改为奉天警官补（传）习所，接收各县未受教育警官，专做在职培训。经费即以所收学费、讲义费开销，"置所长一，职员七，教员十，学员百人，1915年年终提前毕业，毕业后查照部章即行停办"[3]。为提升基层警官教育水平，另"招新生一班，附入法政学校教授警学课程"[4]。1916年6月，王家勋继任警务处长[5]，即将奉天警官补（传）习所改为奉天全省警察教练所，学员"延长毕业期限为一年，又核减常年经费为二万八千六百余元"[6]。

北洋政府在取消地方高等警察学校后，于1915年1月22日颁布《地方警察传习所章程》，拟在北京设立一处培育各省警官的基地——地方警察传习所。该章程规定，各省视本地需要配置警官的具体情况选送10至20名"现任警职人员或曾系警法各学熟悉地方情形者"；学习年限为一年半；课程以"实际适用"为主，包括违警律释义、刑律释要、现行法令大意、地方自治要义、舆图略释及测绘纲要、条约须知、田赋调查要义、户籍调查法、社会教育大意、侦查心得、勤务须知、警察礼式及体格练习法。该章程还对学员毕业后的安排做了具体指示，即"由内务部送回各该地方分配所属各处，每处组织警察模范传习所一所，即以中央毕业学员担任教授，饬取各属警佐

---

① 《高等巡警学校将添补习班》，《盛京时报》1913年4月24日第6版。
② 《毕业仍复原差》，《盛京时报》1915年1月8日第6版。
③ 赵恭寅修，曾有翼纂：《沈阳县志》，成文出版社有限公司1974年影印本，第90页。
④ 《警务学校之归并》，《盛京时报》1914年4月10日第6版。
⑤ 张宏周离任时由宋文郁接任，即1916年4月至1916年5月；王家勋任奉天省警务处长一职分为两个时期，即1916年6月至1916年11月、1917年5月至1923年10月。
⑥ 王树楠等纂：《奉天通志》，东北文史丛书编辑委员会1983年版，3266页。

以下若干员入所研习，以十个月为毕业，毕业后分配各县/区执行警务并担任巡警教练所教授，各属巡官长警轮班入所教练，以六个月为毕业一次，各地方即以中央毕业学员派充督察委员分赴各属周行巡视，切实教授，改良警察有无成绩，报告该管长官实行督促警政刷新"①。可见，（中央/京师）地方警察传习所培养的警察官有两重任务，即培养各省县区警察教练所师资和督察警政开办情况的专业人员。但是，"在中央范围内者则不由选拔，一律行竞争试验"②，《盛京时报》刊载《警察传习所应考须知》③《地方警察传习所选送学员》等详细招生信息，即"一，报名人员以曾任警察职务一年以上或在本部直辖之中央警学员一年以上毕业者为合格；二，报名人员须将合格之经验凭证或毕业文凭一并送部候验；三，报名人员须携带最近之四寸像片二张；四，报名人员须取具在京荐任官一人署名钤章保结书，证明并无冒名顶替及捏写成绩伪造文凭等事，前项出具保结之荐任责任援照知事保结办法办理；五，报名时期自四月十五日起至四月三十日截止，检查合格人员由本部另行宣示定期考验；六，考验办法共分二次，第一次试以警察学科题二道，第二次面加考讯"等条④。

总之，各省选送警务人员入（中央/京师）地方警察传习所学习，成为当时提升警察官教育水平的主要方式。

（二）普通警察教育

晚清时期，各级巡警教练所担负在职警察和新募警察的教育任务。在民清交替政局影响下，辽宁省各县警察教练所开办时间参差不齐，大致有两种情形：

其一，个别县警察教练所短暂停办后开始复办，如辽阳巡警教练所，"暨民国成立按期挑送教练如故"⑤。1914年7月，岫岩县警察所内附设教

---

① 《地方警察传习所章程 四年一月二十五日》，蔡鸿源主编：《民国法规集成》第14册，黄山书社1999年版，第42-43页。

② 《地方警察传习所开办消息》，《盛京时报》1915年5月1日第3版。

③ 《警察传习所应考须知》，《盛京时报》1915年4月17日第3版。

④ 《地方警察传习所选送学员》，《盛京时报》1915年4月17日第3版。

⑤ 裴焕星修，白永真纂：《辽阳县志》，成文出版社有限公司1974年影印本，第847页。

练所，警察所长兼理教练所一切事务，设"教练主任一员，教员三员"，由警察所内各职员分担。学警由各区警士选送，"每班四十人，毕业期限六个月"，毕业后拨回原区服务，再由各区警士内选送足班轮次肄业。[①]

其二，多数县警察教练所在1915年后开始运行。1915年7月，北洋政府颁发《各省整顿警政办法大纲》，为"负责统筹办理、监督指挥一省一区警政之任"，准地方设置全省警务处。段芝贵巡按使呈请设置辽宁省警务处，并拟定经费[②]，办公地点为大东门外前提法司衙门[③]。张宏周为第一任警务处长，但任职时间较短，即1915年9月至1916年4月。张宏周认为，辽宁"警察程度幼稚，按照部定整顿警察办法大纲第三条两项之规定，拟具简章"，呈请设立"奉天省城警察教练所"，"就原有警士更番教练，以养成警察人材"。1916年4月正式成立。考试录用条例、报名日期、投考资格、考试课程[④]等信息刊载于《盛京时报》，方便民众周知参加考试。最后"考取合格学生四百名入所肄业，以六个月为毕业期。内择程度较优者六十名作为特别班，加习日语，以一年毕业，分发各警察厅局所服务，并预备添设商埠警察之调用"。张宏周希望"以后继由各警厅、局所轮班选送更番教练"，预计"经费年需大洋七万九千六百余元"，若追加预算，应设法筹拨。[⑤]嗣后，张宏周去职，宋文郁接任处长，依"造就人才与其求多，曷若精锐"原则，在四百人中进行甄别，"将文义通顺堪以造就者取录二百名，其余尽行裁

---

① 高乃济修，郝玉璞纂：《岫岩县志》，《中国地方志集成·辽宁府县志辑》第15册，凤凰出版社、上海书店、巴蜀书社2006年版，第291页。

② 《段芝贵为拟定全省警务处经费数目给袁世凯呈1915.10.27》，辽宁省档案馆编：《奉系军阀档案史料汇编》第2册，江苏古籍出版社、香港地平线出版社1990年版，第343页。

③ 《定期开全省警务会议》，《盛京时报》1915年11月9日第6版。

④ 《警务处规定考试警官再志》，《盛京时报》1916年4月13日第4版。主要内容为：甲，报名日期，自四月二十号起至三十号止；乙，投考资格，高等警学毕业领有证书者，法政专门学校毕业领有政书者（别科速成科三年或二年毕业者非专门者不在此限），历充警官在二年以上得有成绩者；丙，考试课程，警察学、国际公法、国际私法、公文牍、其他警察专课等门。

⑤ 王树楠等纂：《奉天通志》，东北文史丛书编辑委员会点校1983年版，3266页。

汰"①。"四乡警察分期调入教练所，以六个月为卒业期限。"②

除奉天省城及四乡警察入奉天省城警察教练所教练外，各县警察教练所已停办者又开始招生。张宏周令各县遵照警务处颁发的《各县警察教练分所简章》办理，章程具体规定如下：

第一章　总则

第一条　本所以增进巡警学识为目的，授以职务上必要之科目，定名为某县警察教练分所。

第二条　每县须设教练所一处，或附设警察所内，抽调现服勤务之长警、粗通文字者入所教练。

第三条　学额每班以三十名以上至六十名以下为标准。

第四条　抽调各区长警，分配班次，入所教练，由各县按照警额，自定之。

第五条　学警无论在内堂外场一律均着原有服制。

第二章　学科

第六条　规定学科如左

　一　警察概要

　二　单行警察章程

　三　中日约章会要

　四　现行法令大意

　五　国际法大纲

　六　户籍调查法

　七　违警罚法

　八　地方自治大意

---

① 《教练所大起风潮》，《盛京时报》1916年5月2日第4版；《忽聚忽散之警察教练所》，《盛京时报》1916年5月5日第4版。

② 《教练所开办有期》，《盛京时报》1916年2月9日第6版。

九　日语

十　兵式操

第七条　各种学科除日语兵操外，余由警务处分门编辑，定为范本，分发各县以昭划一。

第三章　学期

第八条　学期限以六个月更番教授。

第九条　教授时间内堂每日三四点钟，外场每日一二点钟，惟拟定各种学科必于本学期内教授完毕，但缺乏日语教员时日语一科可以暂缺。

第四章　考试

第十条　每届学期考试时须由县知事监视。

第十一条　每届学期考试，必须将试卷评定分数，并造具名册汇送警务处考核，以凭发给修业证书。

第十二条　学期考试成绩较优者，如系巡长得以巡官记名升充，如系巡士得以巡长记名升充，或按等级提升；仅能及格者饬回原差，不及格者仍须留所补习，其实难以造就者即行开除另补。

第五章　职员

第十三条　本所置所长一人，由警察所长兼充，承本管知事之监督办理全所事宜。

第十四条　所中置教员一人至三人，由所长支配分担教授。

第十五条　所中缮写等事归巡记担任。

第十六条　教员由警察所职员中之警法毕业者兼充，如不敷分配时，得由县知事另选合格人员委用，其薪资酌量财政自定之。

第十七条　所中得雇佣公役二人以供使用。

第六章　经费

第十八条　所中另聘之教员，如须酌给薪津及纸笔灯油茶水等杂费，得由经费中撙节匀拨或由地方岁入溢收项下动支。

第十九条　学警所需膳费，由各人原饷项下开支。

第七章　附则

第二十条　每日授课时间及所中详细规则，由各县知事督同所长厘定，详报警务处查核。

第二十一条　本简章以发布达到之日为始，限一个月一体筹备设立，由各县知事将开办日期并学警姓名、年岁、籍贯造册详报警务处备案，其有已设教练所者，均按照此次颁定简章办理。

第二十二条　所长教员等凡属兼差不支薪者，办满一年成绩卓著得以详请给奖以酬劳勤。

第二十三条　本简章如有未尽事宜，仍得临时改订。①

《各县警察教练分所简章》对学科、学期、职员、经费等方面做了指导，又赋予各县一定的自由裁夺权限，使各县警察教练所设置既有法可依，又能因地制宜，推动基层警察教育机构的广泛设立。

1916年3月，沈阳县知事赵恭寅将警察教练分所设立于警察事务所后胡同，"所长一，由警察所所长兼充，管理员二，日语教员一，正教员一，副教员三""抽调四区在职巡官长警分班入所肄业""学生一百，六月毕业，常年经费由警款搏节项下开支。并选派长警前往连埠见习警政"②。沈阳县乡镇警察分入乡镇警务所开始的教练班学习。例如，1916年10月15日，东关乡镇警务所附设的警察教练所二班开学，6个月后毕业。1917年4月9日停课，教务长王熙如主持分门考试，"二班各生均各勤勉求学，各课成绩较头班尤佳"③。16日举行毕业式，"午前七时赵寅生知事与萧科长济和、劝学所长刘与参相继到所，参加毕业式，嗣四路区官并全所职教员莅止，即在全体列坐撮影，旋至讲

① 《奉天全省警务处饬第二九号（洪宪元年一月十一日）：饬各县遵照拟定各县警察教练分所简章迅速筹办》，《奉天公报》1916年第1377期，第9-12页。（原文竖版，行文从右至左，后同。）
② 赵恭寅修，曾有翼纂：《沈阳县志》，成文出版社有限公司1974年影印本，第180-181页。
③ 《乡镇警察考试毕业》，《盛京时报》1917年4月10日第4版。

堂职教员来宾及学员等齐向国旗行三鞠躬礼，续上向县监督职教员全体行三鞠躬礼，次由监督赵寅生所长成捷三教务长王熙如依次述训辞，来宾致祝辞，礼毕来宾及职教员同赴毕业宴，十一时宴毕阅操"[1]，而后结束毕业典礼。

　　1916年4月20日，开原县警察教练所开始报名，"五月一日试验""勿论土著客籍，概以素无嗜好，身体强健者为合格"，6日入所授课，"限以六个月毕业，所有食宿各费、书籍，均由官费支拨"[2]。同年，海城县警察教练所恢复办理，由各区所送现役警察入所教练，前后共毕业九班，所内设所长一员，由警察所长兼任，管理员一员，教务员一员，教练员一员，教务员担任内堂功课，教练员专教操法[3]。1916年春，凤城县警察教练所奉命筹办，附设警察事务所内，"调各区警兵粗通文字者入所教练，定额三十人，半年卒业，期满继续抽调，常年经费约需千元以上"[4]。新民警察教练所1911年因水灾停办，1918年12月恢复招生[5]。

　　1912—1916年间，辽宁省警察制度普遍设置，基层普通警察队伍人数比晚清时期增长较多，但受专业警学教育人数仍十分有限。从警察官吏到普通警察，教育重心落在对在职警察的深造上，新募警察教育不甚重视。

第二节　奉系军阀时期辽宁警察教育

　　张作霖主政伊始，各县知事上书痛陈现政利弊，分吉县知事赵词源就警

———————

① 《乡镇警所举行二次毕业》，《盛京时报》1917年4月17日第4版。

② 《教练所招生》，《盛京时报》1916年4月15日第4版。

③ 廷瑞修，张辅相纂：《海城县志》，《中国地方志集成·辽宁府县志辑》第7册，凤凰出版社、上海书店、巴蜀书社2006年版，第128页。

④ 沈国冕修，湖溪午、蔡运宸纂：《凤城县志》，《中国地方志集成·辽宁府县志辑》第14册，凤凰出版社、上海书店、巴蜀书社2006年版，第46页。

⑤ 王宝善修，张博惠纂：《新民县志》，成文出版社有限公司1974年影印本，第155页。

察教育状况提出个人意见，认为辽宁省警察教育相对落后，应加强教育，任用警学人员，"吾奉警察省会创设于前，各县仿行于后，综计岁月，十数寒暑，规模大备，效果已收，似无有此议之余地，而兹谓必须改制者，亦大有故在，盖警察居内政中坚分子，非办到美善精良之地步，不足以促内政之进行，而警士巡长尤居警察中坚分子，非具有优先高尚之学识，不足以觇警察之成绩。吾奉警察率多于长官务求通才，而于警士巡长不求学识，故各属招募者目不识丁者有之，止识字母而未从学问者有之，驱无数不识不学卤莽汉而使之佩剑荷枪，直不知警察二字之谓何，遑问其能。本警察规定而妥帖安详服务耶？……宜严定警察资格，非有普通警察学识及高等小学毕业生，不准募充警士，巡长非受高等警察教育及中学以上或法政专科各学生不准委充区巡队官暨课长、股长员"①。张作霖对此亦有同感，声言"视事以来头一样事情，就是从整顿巡警入手"②。所以，奉系军阀时期，辽宁省警察教育遵循中央政策，以警察官教育和普通警察教育为主，从省情出发，因地制宜，发展日益完善。

一、稳步发展警察官教育

1916年11月以后，王永江、王家勋、于珍等相继担任省警务处处长兼省会警察厅厅长一职，辽宁警政在前期整顿基础上进入发展时期，警察教育体系日趋健全。例如，于珍以"宏教育"为己任，求"警察之程度""警察之精神"为完善。③

---

① 《分吉县知事赵词源条陈时政治安纲要 1916.6.3》，辽宁省档案馆编：《奉系军阀档案史料汇编》
　　第 2 册，江苏古籍出版社、香港地平线出版社 1990 年版，第 423 页。
② 《张作霖冯德麟关于施政方针的白话告示 1916.6.28》，辽宁省档案馆编：《奉系军阀档案史料汇编》
　　第 2 册，江苏古籍出版社、香港地平线出版社 1990 年版，第 487 页。
③ 《奉天警甲报告书》（序），张研、孙燕京主编：《民国史料丛刊》第 198 册，大象出版社 2009 年版，
　　第 3、5 页。

（一）奉天（全省）警察传习所

袁世凯将培养高级警察官的权限收归中央政府后，朱启钤总长以"东三省介在日俄，胡匪案炽，警政之改良较其他各省为紧要，若由中央地方警察讲习所渐次造就警务人材，未免缓不济急"为由，提议变通办法，在东三省适中地点之长春设地方警察讲习分所，由部派员办理，经费由东三省分担。[①]其建议表明东北地区警察教育的重要性与特殊政治意义，侧面反映了警察受教育程度未能匹配区域社会需要。1916年11月27日，北洋政府下令各省省会建立警察传习所，"恢复省级警官教育"[②]，颁行《各省警察传习所章程》为指南，具体如下：

第一章　总则

第一条　内务部为统一全国警政起见，根据地方警察传习所章程第八条，于省会设立警察传习所一处，以养成警察模范人才为宗旨。

第二条　各省警察传习所未设立警务处地方直隶于省长，已设警务处地方直隶于警务处长。

第二章　组织

第三条　警察传习所之职员及教员如左：所长一员，教务主任一员，教员无定额，会计兼庶务一员，文牍兼管课一员。

第四条　所长由省长委派或警务处长呈请省长委派，咨陈内务部备案。

第五条　所长得因各省情形由警务处长或警察厅长兼任，其教务主任及教员概由地方警察传习所毕业学员兼任，但操科教员得另派之，其他职员由所长委任并得酌用雇员。

第六条　前项教员薪俸得因各省地方情形由省长或警务处长酌量支给。

第三章　入学资格

---

① 《改良三省警政之计划》，《盛京时报》1915年4月15日第6版。
② 周章琪：《现代警务与警察教育》，湖北人民出版社2003年版，第38页。

第七条 警察传习所入学资格以左列各项为限：现任警佐及巡官，在警察学校一年以上毕业者，在法政学校一年半以上毕业者。凡合于甲项资格者，应由省长或警务处长于所属县保送入所，其合于乙丙两项资格者应出示招考，厅县长官亦得保送，由省长或警务处长审定资格，组织试验委员会，试验及格方准入所肄业，入所员额甲项资格每厅须有十人以上，每县须有一人以上，乙丙两项资格人数不得过甲项总人数三分之一。

第四章 学科

第八条 警察传习所所授学科，在内务部未颁定课本以前，参照地方警察传习所课程，由教员简括编订之如左

一 现行法令大意，采辑现时适用之法令，如警察官制、治安警察法、行政执行法、警械使用法、豫戒法、调度司法警察章程、保卫团条例诸类，并本省单行章程关于警察执行者，说明其大意及其适用方法

二 违警罚法释要，说明违警罚法各条之大意，及对于现时社会适用条文之方法，并采取本省风俗习惯易于违犯诸事实，以资印证

三 勤务须知，说明警察内勤外勤之要务，及保护安宁预防危害必要之注意，并本省特有勤务之处理方法

四 刑律释要，抉示刑律总分则之纲要，并将违警与刑事民事之区分关系详为说明，俾资识别

五 侦查心得，说明缉捕应知之方法及侦探应尽之职务，并本省惯行盗贼及秘密会社之状况，抉示侦查之方法

六 地方自治释要，说明现行自治之组织选举之方法，并调查选举辅助自治诸办法

七 条约须知，摘编现行国际条约之大意，及交涉成案俾资参考之资料

八 简易测图，授以警察实用测绘之方法，如丈地划界、作工勘验需用图绘诸要术

九　舆图略释，说明行政区划分之大概，及本省商埠关塞山脉水利之情形，矿场铁路位置之现势

十　户籍调查法，说明户籍登记之手续，及户籍员吏之办法，并警察调查户口必要之注意

十一　征兵释要，说明各国征兵法之大概，及本国豫备征兵必要之研究

十二　指纹法，抉示中央采用指纹法之标准及其实施方法

十三　操练，实行兵式操练，并注意柔术、击刺、娴习枪靶诸法

前项所列学科外，得因各地方需要情形，由教务主任商同所长酌增学科。

第九条　学员受课时间一律著用所中制服，制服式，另图定之。

第五章　毕业期限

第十条　警察传习所以一年为毕业，每四个月举行期考一次。

第十一条　毕业时由所长会同教务主任及各教员稽核成绩评定分数，以六十分以上为及格，发给证书，造册转报内务部。

第十二条　警察传习所学员毕业后，由内务部查照地方警察传习所章程第八条办理。

第六章　经费

第十三条　警察传习所经费，由省长列入预算。

第十四条　现职人员，照京师地方警察传习所办法，支给半薪，其遗缺派员递代，递代人员除支原缺半薪外，并支代缺半薪，但各省能筹给相当之津贴免支半薪者，听，考取各生得斟酌地方情形，酌收服装讲义等费。

第七章　附则

第十五条　警察传习所学额及所内细则，由所长拟定，呈由省长或警务处长批准施行，但不得与本章程相抵触。

第十六条　各省警察传习所限民国六年七月一律成立。①

---

① 《各省警察传习所章程》（五年十一月三十日），蔡鸿源主编：《民国法规集成》第14册，黄山书社1999年版，第45-49页。

《各省警察传习所章程》是对各省警察教育开办的敦促，也是设计模板，指明发展方向。辽宁省警察官教育以此章程为纲领，设置奉天（全省）警察传习所，制定《奉天警察传习所简章》，对名称、教职员、学额、资格、学科、学期、经费等做了规定，与中央政府颁布的《各省警察传习所章程》呼应、补充。如教职员设置上，指出"悉依部令定之，因学生统住，所内酌加管理人员：所长一员，教务主任兼斋务主任一员，管理员一员，教员四员，操科教员二员，文牍兼会计员一员，庶务员一员，雇员二员"；经费方面规定"按全省警察教练所原有经费支配并酌收传习班学员每人每月学费大洋四元"[1]。

1.警察传习所的招生与毕业

1916年11月后，警务处长王永江"感于警察人才之不齐"[2]，着手开办警官教育，造就中级警察人才。他于警务处附设警察传习所，定额50名学员为一班，由各地选拔在职警官中的优秀人员入省学习，学习一年后毕业。传习所学员挑选十分严格，例如，第二班学员，"全省五十四县中，每县选送二人，共到省者一百八名，当时第一试取录七十名，至二十五日行二次甄试，以严仅选四十八名，尚不足一班"[3]。辽宁各属警察官对来省传习并不十分热心，"遵令来省者尚属寥寥"，时由传习所所长函催。[4]面对学员不足额定员数的情况，传习所变通处理，将各县送来的学员挑选后，余下名额向社会"另行招考，补足额数"[5]。这种变通处理方法成为定制沿用，至新开班前，《盛京时报》上刊登招考信息和条件。例如，1925年9月25日刊登信息如下："一，年在二十五以上三十五以下；二，高小毕业并有同等资格者；三，身

---

① 南满洲铁道株式会社总务部事务局调查课 [编]：《南满地方支那警察制度．附录》，南满洲铁道总务部事务局调查课 1918 年版，第 185 页。

② 《奉天警界新消息》，《神州日报》1917 年 5 月 7 日第 7 版。

③ 《警官补习所甄别学员》，《盛京时报》1917 年 5 月 30 日第 4 版；《传习所招生困难》，《盛京时报》1922 年 2 月 18 日第 4 版。

④ 《催送警官来省就学》，《盛京时报》1919 年 5 月 9 日第 4 版。

⑤ 《警官补习所续招学生》，《盛京时报》1919 年 6 月 5 日第 4 版。

在五尺以上须有七十五斤体重者；四，素无嗜好或有他疾病者；五，遂报名遂考试；六，定额二十名（其余由各县挑选）；七，九月二十四日起至十月十一日止；八，所有书籍宿膳器具皆由官备；九，报名之时须将毕业证书并四寸像片反面书写年岁籍贯三代；十，报名缴保证金奉大洋一员，报名不投考或录取不入者此项钱概不发还。"[①] 吉林省也在此时期创办警察传习所，第二班学员除各县选送外，又将乙、丙两项学员招生四十名的信息刊登，比奉天警察传习所招考条件详细。即"（一）宗旨：传习所以统一全国警政、养成警察模范人材为宗旨。（一）地址：吉林省城。（一）学期：一年毕业。（一）资格：除甲项外，凡在二十岁以上三十五岁以下具有左列资格者均得招考。（乙）在警察学校一年以上毕业者；（丙）在法政学校一年半以上毕业者；（一）体格标准：（子）身干高大者；（丑）肺量二千五百立方升的以上者；（寅）两目视力能辨距离二丈外一寸楷书者；（卯）容貌体势端整者。（一）名额：正取四十名，另外酌量备取，正取有缺额时，以备取按名次递补。（一）学员学膳及应用制服讲义由所发给，概不取费。（一）报名地址：吉林全省警务处第二科。（一）报名期限：自本年五月二十日起至六月初十日截止。（一）实验日期：约于六月十五日以前举行，警务处先期牌示周知，惟上年曾将省城外县分两次考验。本届只考一次，凡有志投考者，切勿自误云云。当由警所分别发帖，以期周知云"[②]。

毕业前，传习所的警官学员需至"各署见习一礼拜"[③]，回校后考试。传习第六班73名毕业生中，成绩甲等者26人，乙等者14人，丙等者33人；传习

---

① 《警察传习所招生》，《盛京时报》1925年9月25日第4版。其他招生信息如《警察传习所招生》，《盛京时报》1920年1月11日第3版；《警察传习所招生》，《盛京时报》1920年5月20日第4版；《警察传习所招生》，《盛京时报》1921年5月13日第4版；《警察传习所招生》，《盛京时报》1924年12月11日第4版。

② 《招考警察传习生》，《盛京时报》1918年5月22日第4版。

③ 《奉天警界新消息》，《神州日报》1917年5月7日第7版。

七班72名毕业生中，成绩甲等者30人，乙等者21人，丙等者21人。[1]成绩一般者仍回原差任用，"优秀者俟有缺时优先补用"[2]。相关统计见表4-1。

表4-1 1916年12月至1925年12月奉天警察传习所毕业情况统计表

毕业班别	修业年限	毕业时期	学生人数	备考
传习第一班	一年	民国七年四月一日	50	学员系抽调各县在职警官，毕业后仍回原差
传习第二班	一年	民国七年五月一日	50	
传习第三班	一年	民国九年六月一日	49	
传习第四班	一年	民国十年七月一日	65	
传习第五班	一年	民国十一年七月三十一日	70	
传习第六班	一年	民国十二年八月五日	73	
传习第七班	一年	民国十三年十一月五日	72	
传习第八班	一年	民国十四年十二月十日	69	

资料来源：辽宁省教育志编纂委员会编：《辽宁教育史志资料》第2集下，辽宁大学出版社1990版，第628页。

2. 警察传习所的教师与教学

教师是"履行教育教学职责的专业人员"[3]，在教学中居主导地位。教师水平的高低，决定教学质量优劣，影响警察教育水平。奉天警察传习所的教员，多数具有较高水平的专业警察知识，以北京内务部警察学校正科毕业为主，少数由地方警务学堂毕业，见表4-2。

---

[1] 《奉天警察传习所警官班毕业学员成绩表》，《奉天警甲报告书》卷下，奉天作新印刷局1925年版，中国社会科学院经济分馆藏。

[2] 《催送警官来省就学》，《盛京时报》1919年5月9日第4版。

[3] 《中华人民共和国教师法》，中华人民共和国教育部网，http://www.moe.gov.cn/jyb_sjzl/sjzl_zcfg/zcfg_jyfl/tnull_1314.html，访问日期：2023年2月23日。

表4-2　奉天警察传习所职员履历简明表

职别	姓名	次章	籍贯	资格	勋章
所长	梁　横	同石	奉天辽阳	北京内务部警察学校正科毕业	
教务长	寇熙华	玉垣	奉天兴城	北京内务部警察学校正科毕业	
斋务长	赵　为	楚青	奉天沈阳	北京内务部警察学校正科毕业	
管理员	龚丕烈	博仁	奉天抚顺	奉天警务学堂毕业	
管理员	裘昭焕	锦章	直隶河间	北洋警务学堂毕业	三等二级内务奖章，二等二级警察奖章
庶务兼会计员	吴毓璜	允平	奉天辽阳	奉天警官补习所毕业	
文牍兼管课员	苏金塘	梦莲	黑龙江肇东	北京内务部地方警务学堂毕业	

资料来源：《奉天警甲报告书》卷下，奉天作新印刷局1925年版，中国社会科学院经济分馆藏。

奉天警察传习所警官班以四个月为一学期，学制一年。其课程设置除部章列举者外，依部定章程第八条第二项酌增开设法学通论、文牍须知、日语、简易测图。尤其是日语一门，成为辽宁省警察教育中的固定外语，徐世昌时期便已开设，民清交替时停办，警务处成立后将其编入教练所章程，成为定制，见表4-3。

奉天警察传习所

（资料来源：《奉天警甲报告书》卷上，奉天作新印刷局1925年。张研、孙燕京：《民国史料丛刊》第198册，大象出版社2009年版，第32页。）

表4-3 奉天警察传习所警官班学科及教授时间表

第一学期		第二学期		第三学期	
科目	每周时间	科目	每周时间	科目	每周时间
法学通论	8	刑律释要	9	户口调查法 文牍须知	9
违警罚法	9	条约须知	6	地方自治释要	8
勤务须知 征兵释要	9	现行法令大意	6	舆图略释 简易测图	3
日语	7	日语	6	侦查心得 指纹法	7
操练	6	简易测图 操练	2 6	日语	6
武术	3	舆图略释	4	操练	6
		武术	3	武术	3
合计	42		42		42

资料来源：《奉天警甲报告书》卷下，奉天作新印刷局1925年版，中国社会科学院经济分馆藏。

（二）警官学校

1926年，警务处长陈奉璋将奉天（全省）警察传习所改为奉天全省警官学校，编定各种章则及经费预算表，学员由各地选送改为招生，"籍以拔取真材，毕业期限定二年，以深造就，所有课程根据部令所定，并参酌地方情形编订科目，俾期适用"，以期名实相符。[1] 5月，警官第一班招生，至1928年6月1日毕业，共培养82人。毕业学生由警务处分发各县以股员、区官、教练专员等差任用，"成绩最优者警务处迳以公安局长任用"[2]。

1929年3月改为辽宁警官高等学校，制定章程，对办学宗旨、校制机构、招生、教学过程等方面做了详细规定。《辽宁警官高等学校章程》具体

---

① 王树楠等纂：《奉天通志》卷143，东北文史丛书编辑委员会点校1983年版，第3266页。
② 辽宁省教育志编纂委员会编：《辽宁教育史志资料》第2集下，辽宁大学出版社1990版，第628页。

如下：

第一章　总则

第一　辽宁警官高等学校直隶于辽宁全省警务处，以教授实用警察学科，养成高等警政人材为宗旨。

第二章　组织及职务

第二　本校置校长一人，综理校务，由辽宁全省警务处长兼任之，如因事不能到校时，得由教育长代理之。

第三　本校置教育长一人，商承校长管理教育事宜，由校长遴选延聘，呈报警务处备案。

第四　本校学科教授由教育长商承校长遴选延聘，汇报警务处备案。

第五　本校术科教官由教育长商承校长遴选委任，汇报警务处备案。

第六　本校置总队长一人，受校长之指挥，商承教育长管理学生纪律事宜；分队长三人，协助总队长分掌学生纪律事宜。

前项总队长由教育长商承校长遴选聘任，分队长由教育长商承校长遴选委任，汇报警务处备案。

第七　本校置主任四人，事务员若干人，分掌文书、课程、会计、庶务；校医一人，专任医务；警卫长一人，专司守卫。由校长遴选委任，汇报警务处备案。

第八　本校为缮写文件、办理杂务，置雇员若干人，由校长酌定雇用。

第三章　学制及学科

第九　本校正科学生三年毕业。

但因事实上之需要，得设高等研究科、专修科、速成科，并得附设训练班，由校长呈报警务处核准办理，其学科及毕业期限另定之。

第十　本校正科学科如左：

党义、警察学、现行警察法令纲要、行政警察要论、司法警察要论、国际警察论、交通警察学、卫生警察学、政治侦探、社会学经济学、消防警察学、建筑警察学、森林警察学、电气警察学、违警罚法、警察办事手续、勤务要义、侦探学术、指纹学术、监狱学、法医学、军事学大意、宪法法学通论、行政法、刑事诉讼法、民事诉讼法、刑法、犯罪论、民法概论、国际私法、战时国际公法、平时国际公法、地方自治要义、户籍法、政治学大纲、市政论、统计学大意、测绘学概要、工厂管理法、农林警察学、商法概要、村政公牍、外国文、代语精神讲话、操练、武术。

前项学科之分配，由教育长商承校长定之，但认为有教授其他学科之必要及事实上应减授某种学科时，得随时增加或裁减之，仍呈报警务处备案。

第四章　学生资格及考试

第十一　本校正科学生须经入学考试，凡年在十八岁以上，二十五岁以下，具有左列各款资格之一者，均得与考，其高等研究科、专修科、速成科考试资格及年龄另定之。

一　高级中学或大学预科毕业者

二　军警、政法各学校一年半以上毕业者

三　具有前列二款各学校毕业同等学力者

第十二　入学考试以左列方法行之

一　体格检查

二　笔试国文、政法或警察大意

三　口试

录取员额于每届招考前由校长拟定，呈明警务处，其入学考试由警务处遴选考试委员组织委员会办理之。

第十三　学生修业考试分为每月考试、学期考试、毕业考试三种。每月考试由校长酌定，学期考试每半年举行一次，毕业考试于毕业时举行之。考试分数以平均满六十分以上者为及格。

第五章　经费及薪津

第十四　本校经费按月造具预算书呈报警务处转咨财政厅，由省库支付。但于必要时，得酌收学费及保证金，其数目由校长拟定，呈报警务处核准办理。

第十五　本校收支每月由校长分别依式造册，呈报警务处转咨财政厅核销。

第十六　本校各员薪津，除校长、教育长应由警务处核定外，其余由校长拟定，呈报警务处备案。

第六章　附则

第十七　关于校务各项规程，由校长拟定，呈报警务处备案。

第十八　本校学生毕业后之分发与任用方法，由警务处另定之。

第十九　本章程如有未尽事宜，得随时提议修正。

第二十　本章程自公布之日施行。[①]

辽宁警官高等学校行政人员配置方面，以警务处长黄显声兼任校长，李峰任教育长，林德溥任总队长，高尚志、郝丰田、李遇春、许纯仁任分队长，赵中承任会计主任，韩凤麟为校医，建立一套较为完善的领导体系。

辽宁警官高等学校全体教职员合影

（资料来源：《辽宁警官高等学校校刊》1931年第1期。）

① 辽宁省教育志编纂委员会编：《辽宁教育史志资料》第2集下，辽宁大学出版社1990版，第629—630页。

该校创办了校刊，孟传大为主任，确立"慈正严明"为校训，设计了校旗，编制了校歌。

辽宁警官高等学校校歌

（资料来源：《近代中国高校校歌选》，上海社会科学院出版社 2006 年版，第 158 页。）

辽宁警官高等学校，从名称上看，为培养警官所设，其教育方针共六项，即：

一　本校以养成完全之高级警官人材，蔚为党国建设之用，所有教授各科以合于三民主义、五权宪法，而又为警察官吏所应知晓者为标准。

二　本校除教授警察学科及一般法学外，尤注重于军事训练，务期养成学生之现代军事常识、技能及忍苦耐劳精神。

三　本校为适应东北需要，正科教授课程中特重外国语文、国际警察及一般国际法规。

四　本校训育除考校学生之操行外，又因警察官吏日与人民接触，故尤注意养成学生之诚笃精神和上谒态度。

五　本校教授各科除由教授讲师尽心讲授外，尤重学生自励研究，故学生除关于各科课程疑义，得随时以书面或口头向各该科教授讲师质疑外，各科教授或讲师随时口试学生，以促其自动研究。

六　警察职务重在实习，正科各生修习二年满后，速成科一年满后，查应即签请（指警官校签请）辽宁全省公安管理处派至省会公安局各区实地见习一月。[①]

然而，辽宁警官高等学校迫于日本侵略加剧的现实，九一八事变前仅招生一班高等警官，中初级警官教育成绩较之略显著。

1.警官班的设置

警官班包括正科（高等警官班）和速成科，依照学校颁布的章程开展招生、教学、管理等工作，培养高中级警官。此外，学校附设警官训练班和现职警察训练班，造就初级警察官，缓解警察人才匮乏的现状。警官训练班的成立与运行依照章程实施，章程共12条，指出"以教授警察必要学科、养成初级警官为宗旨"，附设于辽宁警官高等学校。20岁以上30岁以下的学生，具有相应资格，即"高级中学毕业或大学预科毕业者；法政学校一年半以上修业者；军事或警察学校一年以上毕业者；曾任委任警官三年以上有文书可资证明者"，可以报名，参加体检、笔试（国文、法制、经济大意、数学或几何代数）和口试考试，合格后入学。警官训练班不收学费和讲义费，但制服购置费用等归学生自行负担。1931年春，因警官训练班学警"多系青年学子，缺乏经验，一旦毕业，任以警官，非经长期历练，恐难期其胜任""警察官吏，日与人民接触，必须洞悉人情，富有经验，方克应付其间。且警察为内务行政之一，千绪万端，事务极繁，当事人员，如不具有专门学识，尤

---

① 《规定警官教育方针》，《盛京时报》1929 年 6 月 17 日第 2 版。

难措施咸宜"，所以，警官训练班停招，改为现职警官训练班，抽调省会各公安分局局员、外县公安局长、科长、督察长（员）、分局长、局员等100余人训练。①

2.警官的培养过程

正科与速成科课程按照学校章程实施，警官训练班也依章程的规定执行。其学期为一年，主要修习党义（三民主义、建国大纲、建国方略及第一、二次全国大会宣言决议案等）、中日约章、警察学、现行警察法令概要、勤务要则、国际警察、行政警察、司法警察、卫生警察、交通警察、消防警察、森林警察、违警罚法、军事学、指纹学、公牍、户籍法。学生除入学考试外，还有每月考试和毕业考试，以平均满60分以上为及格。学生毕业期限前，需要到省会公安局实习一个月。②现职警官训练班修习时间6个月，所学课程比警官训练班少，只为提高警察学识，在职培训的特征明显。

除理论课外，辽宁警官高等学校开设体育课，以球类为主，如足球、篮球、羽毛球，还有水上运动。

辽宁警官高等学校体育课照片

（资料来源：《辽宁警官高等学校校刊》1931年第1期。）

3.警官班生员的毕业与就业

正科一班，学生79名，1931年8月末毕业；速成科一班，学生60名，1929年12月23日毕业；警官训练班一班，学生94名，1931年1月20日毕业；现职警

---

① 《本校现职警官训练班成立之经过》，《辽宁警官高等学校校刊》1931年第1期，第265-267页。
② 《本校训练班成立之经过》，《辽宁警官高等学校校刊》1931年第1期，第264-265页。

官训练班一班，学生95名。[1]正科毕业生为高等警察官，由警务处拨用；速成科学生毕业后，警务处分发各县，以分局长、课长、督察员等差任用；警官训练班毕业考试合格的学生，由警务处酌以委任警官任用[2]，分发各县任局员、课员、督察员、课长、分局长等职。现职警官训练班系抽调各县有警察出身之公安局长、分局长、课长、督察员等分期来校训练，仍回原差任用。

1928年5月31日，内政部公布《警察录用暂行办法》，规定资格8条，即"年在二十岁以上三十岁以下者；高小毕业或有相当程度，文理粗通，具有普通常识者；身体强健者；仪容整肃者；言语应对明瞭者；视听力完足者；熟悉地面情形者；立志愿书肯充警察三年以上，并有切实保证者"可被录用，"行为不正者，素有残疾或嗜好者，身体不满五尺者，性情懦弱者"除外。[3]普通警察任用体现了教育对警察一职的重要意义，相较警察官吏任用，仍有一定差距。1929年，《辽宁省警察官吏任用暂行条例》出台，明确警察官任用资格，依受教育程度高低选定任用级别，具体可见表4-4。

表4-4　辽宁省警察官吏任用条件一览表

资格	条件	备考
简任待遇之荐任警官	一、现任简任待遇警官者 二、警察学校三年以上毕业现在荐任警官著有成绩者 三、法政校学三年以上毕业现任荐任警官著有成绩者 四、资深之现任荐任警官著有成绩者 五、曾任荐任待遇警官著有成绩者 六、曾任荐任警官三年著有成绩者 七、曾任简任文职办理警政五年以上著有成绩者 八、有正式出身之上校以上军官著有特殊功绩者	

---

[1] 辽宁省教育志编纂委员会编：《辽宁教育史志资料》第2集下，辽宁大学出版社1990版，第630页。
[2] 《本校训练班成立之经过》，《辽宁警官高等学校校刊》1931年第1期，第265页。
[3] 陈允文：《中国的警察》，商务印书馆1935年版，第76页。

资格	条件	备考
荐任警官	一、现任荐任警官者 二、警察学校三年以上毕业者 三、法政学校三年以上毕业者 四、资深之现任荐任待遇之委任警官著有成绩者 五、现任委任警官满五年著有成绩者 六、曾任荐任警官著有成绩者 七、曾任荐任待遇之委任警官满三年著有成绩者 八、曾任荐任文职历办警政五年以上著有成绩者 九、有正式出身之少校以上军官著有特殊功绩或具有警察之相当学识者	有"简任待遇之荐任警官"各款资格之一者
荐任待遇之委任警官	一、现任荐任待遇之委任警官者 二、警察或法政学校一年半以上毕业曾任委任警官者 三、资深之现任委任警官著有成绩者 四、曾任荐任待遇警官著有成绩者 五、曾任委任警官满三年著有成绩者 六、曾任荐任文职历办警政三年以上著有成绩者	有"荐任警官"各款资格之一者
委任警官	一、现任委任警官者 二、警察或法政一年半以下毕业者 三、资深之现任委任以下警官著有成绩者 四、曾任委任警官满一年著有成绩者 五、曾任委任文职历办警政二年以上著有成绩者 六、有正式出身之上尉以上军官著有特殊功绩或具有警察之相当学识者	有"荐任待遇之委任警官"各款资格之一者

资料来源：《辽宁省警察官吏任用暂行条例 1929.4.5》，辽宁省档案馆编：《奉系军阀档案史料汇编》第 8 册，江苏古籍出版社、香港地平线出版社 1990 年版，第 291 页。

　　奉天省警官教育在东北三省中居于优势，到九一八事变前，奉天省中下级警官基本由学堂出身，行伍出身者很少，见表4-5。

表4-5　奉天全省各县警察所长资格一览表

道别	县别	姓名	资格	到差年月
辽沈道	沈阳	金德三	高等警官学堂毕业	1924 年 2 月
	新民	张虞农	自治研究所毕业	1924 年 12 月

续表

道别	县别	姓名	资格	到差年月
辽沈道	锦县	刘鸿谟	巡警教练所毕业	1914 年 10 月
	辽阳	王继伦	高等巡警学堂毕业	1923 年 10 月
	营口	景 昌	奉天高等巡警学堂毕业	1920 年 4 月
	海城	衣学让	高等巡警学堂毕业	1923 年 10 月
	盖平	陈绣文	警察传习所毕业	1924 年 1 月
	盘山	袁鸿庆	北京高等警务学校毕业	1922 年 6 月
	台安	胡涤凡	内务警察传习所毕业	1923 年 7 月
	辽中	史纬元	讲武堂毕业	1924 年 7 月
	黑山	郑 诚	河南将校讲习所毕业	1925 年 2 月
	北镇	周永顺	军官团毕业	1924 年 8 月
	锦西	阎文彬	警察教练所毕业	1925 年 9 月
	兴城	荣文会	陆军速成学校毕业	1925 年 2 月
	绥中	罗绥卿	奉天警务学堂毕业	1925 年 4 月
	东丰	祁寿春	文童	1924 年 11 月
	西安	温明玉	警务	1923 年 1 月
	西丰	陈玉铭	奉天法政专门学校毕业	1925 年 1 月
	开原	崔国藩	内务部警察传习所毕业	1924 年 10 月
	铁岭	苏庆荣	前清监生	1924 年 2 月
	复县	赵明允	讲武堂毕业	1922 年 9 月
	义县	郑魁武	警务学校毕业	1922 年 7 月
东边道	海龙	魏运衡	警务学校毕业	1924 年 12 月
	辉南	任述言	行伍	1912 年 9 月
	抚顺	胡维烈	内务部警察学校毕业	1924 年 10 月
	本溪	刘克羽	奉天法政专门学校毕业	1924 年 12 月
	兴京	白受采	奉天高等巡警学堂毕业	1921 年 3 月

续表

道别	县别	姓名	资格	到差年月
东边道	宽甸	王燮洲	警务	1925 年 2 月
	辑安	武安如	警务学校毕业	1923 年 7 月
	岫岩	于麟阁	法政学堂毕业	1925 年 6 月
	凤城	李邦藩	奉天高等巡警学校毕业	1925 年 6 月
	庄河	张国威	军官学校毕业	1923 年 3 月
	桓仁	何纯锡	奉天警务学堂毕业	1924 年 11 月
	通化	江存清	前清监生候补千总	1912 年 1 月
	柳河	邹鸿勋	奉天警官传习所毕业	1923 年 10 月
	临江	吴常安	奉天法政学校毕业	1918 年 12 月
	抚松	刘德麟	奉天警官补习所毕业	1922 年 8 月
	长白	宫文超	奉天警官传习所毕业	1922 年 3 月
洮昌道	洮南	江永恩	奉天警官传习所毕业	1922 年 7 月
	昌图	戚文峰	北洋高等巡警学堂毕业	1925 年 3 月
	法库	曲传纶	警务毕业	1924 年 3 月
	梨树	郭景春	奉天高等巡警学堂毕业	1923 年 10 月
	康平	刘维汉	警察教练所毕业	1925 年 4 月
	辽源	萧治岐	辽阳警务学堂毕业	1924 年 7 月
	怀德	乐钧发	保卫团讲习所毕业	1924 年 11 月
	开通	关恩保	行伍	1924 年 12 月
	彰武	王　恕	行伍	1922 年 12 月
	瞻检	傅振愚	师范学校毕业	1925 年 3 月
	通辽	张学仁	讲武堂毕业	1923 年 5 月
	洮安	张恩云	警察学校毕业	1925 年 9 月
	镇东	（县知事兼）		

资料来源:《奉天全省各县警察所长资格一览表》,《奉天警甲报告书》卷下,奉天作新印刷局1925年,中国社会科学院经济分馆藏。安广、安图、安东、双山、突泉县知事兼警察所长。

"第一百十三次省委会议"通过内务部颁发的《警察官吏任用条例》后，特别指出辽宁省"必要时有正式出身之少校以上军官，著有特殊功绩或具有警察之相当学识者，亦得任为荐任警官，有正式出身之上尉以上军官，著有特殊功绩或具有警察之相当学识者，亦得任为委任警官"[①]。以盖平县警官为列，全县共有警官50人，行伍出身者仅7人，占14%[②]，可见，奉天省警察官的整体教育水平已经提升。

（三）内政部警官高等学校为辽宁省培养警察官

警官高等教育办理是中央专属职权，就一般情况而言，警官高等学校，仅内政部有设立之权，"造就荐任以上之警官，任之以公安局长一类职务"，因东北"十数年来，每以政治关系，及国际情形""急求警政改进"[③]，不仅特准设立辽宁警官高等学校，招收警官班正科，其高等警官的培养也受到内政部警官高等学校的扶助。入京学员由辽宁、吉林、黑龙江三省抽调现职警官入学，毕业后回到原籍工作。第十六届毕业生29名，其中26名由奉天省选送，均表示愿意回到原选送地工作，见表4-6。

表4-6　辽宁省内政部警官高等学校第十六班毕业生一览表

姓名	年岁	籍贯	住址	出身	经历
盛世良	三十一岁	洮南	本城二区	内政部警官高等学校正科第十六班毕业	曾充洮南县署科员等职
朱启新	二十七岁	洮南	本县五区	内政部警官高等学校正科第十六班毕业	曾充洮南警察队书记长第七区巡官及区官
田钟灵	二十六岁	沈阳	张良堡	内政部警官高等学校正科第十六班毕业	曾充营口警察厅行政科员

① 《辽宁全省警务处为颁发警察官吏任用暂行条例给各县公安局训令1931.2.10》，辽宁省档案馆编：《奉系军阀档案史料汇编》第11册，江苏古籍出版社、香港地平线出版社1990年版，第450页。
② 石秀峰修，王郁云篡：《盖平县志》，成文出版社有限公司1974年影印本，第231-235页。
③ 孟传大：《论现在东北之警官高等教育》，《辽宁警官高等学校校刊》1931年第1期，第55页。

姓名	年岁	籍贯	住址	出身	经历
杨嵩山	二十五岁	铁岭	熊官屯	内政部警官高等学校正科第十六班毕业	曾充铁岭县警察所巡警教练员与警察所行政兼卫生股员
张振山	二十五岁	新民	大民屯	内政部警官高等学校正科第十六班毕业	曾充新民警察所行政股员
石席珍	二十四岁	铁岭	本城	内政部警官高等学校正科第十六班毕业	曾充奉天省会警察厅行政科员
佟汝功	二十四岁	抚顺	千金寨	内政部警官高等学校正科第十六班毕业	曾充抚顺警察所行政股员及第一区区官
徐明勋	二十四岁	沈阳	营造	内政部警官高等学校正科第十六班毕业	曾充抚顺县卫生股员等
曾溥泉	二十四岁	沈阳	张良堡	内政部警官高等学校正科第十六班毕业	曾充洮昂铁路局警务科员，奉天省会商埠警察局一等警察员兼旬刊部编辑
谭　鹏	二十四岁	沈阳	十里河	内政部警官高等学校正科第十六班毕业	曾充安东警察厅行政科员
杨舒阴	二十三岁	沈阳	大南关	内政部警官高等学校正科第十六班毕业	曾充警务处练习员
马延陵	二十二岁	沈阳	利长油坊胡同	内政部警官高等学校正科第十六班毕业	曾充奉天省会警察厅行政科员
范成福	二十二岁	辽阳	六道街	内政部警官高等学校正科第十六班毕业	曾充安东警察厅督察员
蓝新华	二十九岁	通化	二密镇	内政部警官高等学校正科第十六班毕业	曾充本溪第三区区官
曹席珍	二十四岁	岫岩	红旗沟	内政部警官高等学校正科第十六班毕业	曾充本县警察所巡官
齐自新	三十二岁	昌图	金家屯	内政部警官高等学校正科第十六班毕业	曾充洮南警察教练所教务主任及洮南第二区区官
吴振华	二十八岁	镇东	本城	内政部警官高等学校正科第十六班毕业	曾充本县第三区区官
孙介操	二十八岁	新民	第八区	内政部警官高等学校正科第十六班毕业	呼伦警察厅科员

续表

姓名	年岁	籍贯	住址	出身	经历
孙家彦	二十七岁	沈阳	本城皇学胡同	内政部警官高等学校正科第十六班毕业	曾充奉天省会警察厅总务科员
姜士廉	二十六岁	铁岭	本城	内政部警官高等学校正科第十六班毕业	曾充警务处练习员
卢光普	二十六岁	盖平	东汤池	内政部警官高等学校正科第十六班毕业	曾充盖平县警察所区官
陈书利	二十三岁	本溪	连山关	内政部警官高等学校正科第十六班毕业	曾充呼伦警察厅科员
温廷举	二十二岁	金县	三十里堡	内政部警官高等学校正科第十六班毕业	曾充安东警察厅司法科员
雒骏然	三十岁	清源县	本城	内政部警官高等学校正科第十六班毕业	曾充开原县区官及清源县巡官
陈家珉	二十二岁	海城	腾鳌堡	内政部警官高等学校正科第十六班毕业	曾充北京京师警察厅司法处科员
崔文士	二十一岁	台安	新开河	内政部警官高等学校正科第十六班毕业	曾充本县警察所卫生股员

资料来源：《东北政委会为抄发内政部警官高等学校东北籍毕业生名单请分发录用致辽吉黑省政府电1930.10.20》，辽宁省档案馆编：《奉系军阀档案史料汇编》第10册，江苏古籍出版社、香港地平线出版社1990年版，第658—659页。

二、加强普通警察教育

奉系军阀时期，普通警察教育同样受到重视，主要表现为两种教育方式，即附设于警官教育机构与独立招生培养，后者为主体。

（一）普通警察的附属型培育

警察教育初设时期，限于人力、物力、财力等多方面综合因素制约，尽管某一警察教育机构开办章程中只强调某一水平警才培养，但往往囊括多种警察教育层次，而且，较高级别的教育机构中这种现象更为突出。例如，奉系军阀时期，辽宁省普通警察教育附设于奉天全省警察传习所，课程设置、经费、师资等教学内容与教学条件均比其他各县独立开办的机构更具优越性，见表4-7。

表4-7　奉天警察传习所教练班学科及教授时间表

第一学期		第二学期	
科目	每周时间	科目	每周时间
刑法大意	6	文牍须知	5
警察要领	5	现行警察法令	6
违警罚法	5	户口调查调查法 勤务须知	6
军事学大意	2	军事学大意	3
日语	6	日语	6
操练	12	简易测图	4
		操练	8
武术	6	武术	4
合计	42	合计	42
备注	本表科目限六个月授毕，以三个月为一学期，学科除部章列举者外，其余户口调查法、日语、武术、简易测图各科均依部章第五条酌增科目		

资料来源：《奉天警甲报告书》卷下，奉天作新印刷局1925年版，中国社会科学院经济分馆藏。

教练所各区选送学员肄业后回原籍，新募学警则要在各署练习，"俟有缺出即行补实"，在署练习职务如调查户口，特别巡逻，夜间出义务岗，以资熟悉地方及住户情形。[1]

奉天全省警官学校附设教练所，1925年9月至1926年12间开设教练第二十一和第二十二班，每班学期半年，毕业88人。开办讲习所，由第一期到第三期，每期学习二个月。[2]

---

[1] 《警察毕业生分发各署练习》，《盛京时报》1920年6月3日第3版。
[2] 辽宁省教育志编纂委员会编：《辽宁教育史志资料》第2集下，辽宁大学出版社1990版，第628页。

附属式普通警察的培养数量十分有限，根本不能满足警政刷新需要的专业警务人员，因此，普通警察的专门培养机构受到普遍重视。

（二）各级警察教练所的续办与扩展

1916年11月，张作霖任命王永江主管警务工作，辽宁省警政整顿工作拉开序幕。王永江认为，"旧日警察人员多以情面录取，不特不谙警章，且多不识文字，更有双目聋耳老幼悬殊者，内容外观腐败已极"[①]，指出"警察之章则求完善易而警察之程度求完善难，警察之形式求完善犹易而警察之精神求完善则更难"[②]。为改变这种现状，警务处派人分至各署，调集巡警分别面试，根据警察素日的品行、勤惰，分别去留，致使约300名警察被裁撤。这样的整顿导致两个亟须解决的问题：一是空缺的职位需要有合格的警察填补；一是符合聘任条件的警察从哪里来。如果进一步对省城以外各基层警察群体进行甄选，势必面临更大的合格警察人员缺口。而解决这些问题的唯一路径，是发展普通警察教育。普通警察教育由全省警察教练所和各县警察教练所共同完成，后者是基础，是主体。

1.奉天全省警察教练所

早在6月，警务处长王家勋将奉天警官补（传）习所改为奉天全省警察教练所，开教练两班，学生由省会警察厅选送，警士不足，再另外考取，教练半年，饬归警厅分拨服务。[③]王永江在学员期满毕业后，继续招生教练。1917年11月，内务部颁行《巡警教练所章程》[④]：

第一条　各地方新募之巡警依本章程之规定教练之

第二条　警察厅局所所在地各设教练所一处　如有警察所情形未能独立

---

① 《奉天警界新消息》，《神州日报》1917年5月7日第7版。

② 《奉天警甲报告书》卷上，奉天作新印刷局1925年。张研、孙燕京主编：《民国史料丛刊》第198册，大象出版社2009年版，第5页。

③ 王树楠等纂：《奉天通志》卷143，东北文史丛书编辑委员会点校1983年版，第3266页。

④ 《巡警教练所章程》，蔡鸿源主编：《民国法规集成》第14册，黄山书社1999年版，第313－314页。

举办者得联合办理其设置地点由省长或警务处长指定之

第三条　巡警教练之科目如左：

一　操练

二　警察要领

三　违警罚法

四　现行警察法令（如治安警察法、行政执行法、豫戒法、警械使用法及关于行政、司法、卫生、现行各种单行警察章程）

五　勤务须知

六　刑法大意

七　军事学大意

第四条　因地方情事需要特种技能时得增入左列科目：

一　驾驶术及游泳术

二　外国语文

第五条　教练科目除第三第四两条业有规定外该管长官认为别有需要者得酌量增定之

第六条　教练需用课本由内务部编定颁发

第七条　教练以三个月为一学期，两学期毕业，但该管长官得于必要时期内缩短为一学期

第八条　教练毕业考试每科以一百分为满格，平均六十分为及格

第九条　各地方现在服务之巡警从前未经教练或缩短教练者均抽调入所补行教练

第十条　凡募警经教练毕业及格者得补充正警其成绩最优者并得以巡长记名尽先补充

第十一条　凡补行教练毕业成绩最优者得酌予拔升，不及格者下期再令补习，仍不及格者除名

第十二条　每届教练毕业应由各该警察官署将毕业巡警名册呈报该管长

官，每届年终由各该地方最高级长官开列人数表汇报内务部备案

第十三条　教练所应设职教员如左

一　所长一员承该管长官之命管理所务

二　事务员一员至三员承所长之指挥办理主管事务

三　教员无定额，按照所定科目分担教授

四　班长一员，班副一员至三员董率

第十四条　教练所所长及教员得由警察官署职员

第十五条　教练所办事及管理各项细则由各该官署自定呈报该管长官查核备案

将旧有警士教练及新招募巡警的培训相结合，并侧重于对新招募巡警学识的培养，以便提高警察队伍素质。据此，奉天省警务处改定各县教练所简章，呈准通令遵行。社会上报考警察教练所者十分踊跃。[①]1920年，因经费支绌，人数不足，遂将两班并为一班教练，教练班则删繁就简，采取适用科目，以期速成。学生毕业前须入警察机关实习，如"省立警察教练所第十一班生于日前毕业，警厅王厅长将该班警生一律分发各署现行练习，俟有缺出即行补实，现在各生在署练习职务如调查户口，特别巡逻，夜间出义务岗，以资熟悉地方及住户情形，藉便将来实行任职"[②]。

1926年，陈奉璋于原有教练班外，再添设募警一班，以三十人为限，教练以一个月为期，授以警察粗浅知事，以补充省会警察临时缺额，主要对省会及四乡警察进行教育。[③]

2.安东商埠警察教练所

安东商埠警察教练所开办时间较晚，但发展比较迅速，故作为特例加以说

---

① 《投考警察者之踊跃》，《盛京时报》1917 年 5 月 20 日第 4 版。

② 《警察毕业生分发各署练习》，《盛京时报》1920 年 6 月 3 日第 3 版。

③ 王树楠等：《奉天通志》卷 143，东北文史丛书编辑委员会点校 1983 年版，第 3266 页。

安东警察厅暨警察教练所正面摄影

（资料来源：《奉天警甲报告书》卷上，奉天作新印刷局 1925 年。张研、孙燕京主编：《民国史料丛刊》第 198 册，大象出版社 2009 年版，第 46 页。）

明。商埠警察教练所附设在警察厅内，1922 年 4 月成立，每班以"三十人为足额，六个月毕业"。教练科目为警察要领、刑法大意、违警罚法、外事警察现行法令、户口调查法、勤务须知、军事学大意、日语、武术操练。[1]第一期毕业生"第一名洪文英，第二名唐麟，第三名辛学孔，其余成绩均不恶"，10 月 18 日在警厅举行毕业式，"先期柬邀各机关恭襄盛举"，其毕业仪式十分隆重：

一　毕业生九点三十分由操科教员集合于警厅院内，排列成队

二　道尹、委员、厅长、所长莅属时，由操科教员发立正口令，向前报告人数

三　道尹、委员、厅长来宾阅操时，操科教员行撇刀礼，学警行举枪礼

① 王介公修，于云峰纂：《安东县志》，成文出版社有限公司 1974 年影印本，第 355 页。

四　校阅操练武术毕，仍在指定地点成横队

五　主席报道尹升楼就席

六　道尹、委员、厅长升楼后，操科教员带同学警卒业考订名次，成横队站排

七　主席报告举行卒业式

八　教务主任学警报告

九　发给奖品

十　道尹训词

十一　厅长训词

十二　奉天警务处行政科员张镜卿训词

十三　所长训词

十四　来宾训词；关监督、李会长、杜局长依次致词；职教员致训词

十五　学警答词

十六　全体摄影毕，振铃散会。①

毕业仪式是警学生结束警校学习，走向社会服务的分界线。晚清以来，各警察教育机构在条件允许时都会举办毕业典礼，普遍具有颁发证书、重要警界人物或政界官员讲话、合影留念等环节，增强了学生自豪感和认同感。《盛京时报》刊载了类似报道，可资考察，不完全统计见表4-8。

表4-8　《盛京时报》刊登东北三省警察教练所毕业仪式略表

题名	时间	版次	区域
巡警教练所行毕业式	1909年9月18日	5	长春
教练所举行毕业典礼	1911年12月14日	5	铁岭

① 《教练所之毕业式》，《盛京时报》1922年10月21日第4版。

续表

题名	时间	版次	区域
巡警教练所毕业志盛	1913 年 2 月 6 日	7	哈尔滨
教练所毕业盛观	1916 年 10 月 10 日	4	义县
警察教练所举行毕业	1919 年 4 月 13 日	4	奉天
教练所毕业志闻	1919 年 5 月 10 日	4	东丰
警察教练所毕业	1921 年 10 月 4 日	4	铁岭
教练所之毕业式	1922 年 10 月 21 日	4	安东
教练所举行毕业	1923 年 4 月 29 日	4	哈尔滨
教练所举行毕业	1924 年 7 月 29 日	4	哈尔滨
教练所举行毕业	1926 年 4 月 7 日	4	黑山
教练所行毕业式	1927 年 1 月 30 日	4	奉天
教练所举行毕业	1927 年 11 月 18 日	4	长春
教练所举行毕业	1928 年 5 月 12 日	4	扶余
教练所举行毕业	1929 年 3 月 9 日	5	安东
教练所毕业	1929 年 12 月 4 日	7	延吉
教练所举行毕业式	1929 年 12 月 7 日	7	岫岩
教练所毕业	1930 年 5 月 31 日	8	开原
教练所举行毕业式	1931 年 1 月 30 日	5	开原

资料来源：《盛京时报》。所列各条报道均提及巡警教练所举行毕业仪式 / 典礼，详略各不相同，其他有关巡警教练所考试毕业的报道未收录。时间下限为九一八事变前，事变后的报道未收录。

此外，安东警察厅还制定并颁发了《各区署长警服务教练规则》，对在职普通警察进行教练，在师资、科目、考核方面做了详细规定，将勤务与学习教育合理安排，详细规定如下：

　　一　各区署长警程度不一，未受教练者，多欠警察知识，已受教练者，或不免昧于办事手续。本厅为补足两者之缺欠规定服务教练办法。

二　服务教练每星期六日招集体休息班长警各就本署署部行之（时间另表定之）。

三　教练员分厅署两部，厅教练员以行政卫生两科科员并外勤技士巡行赴各署担任教练（钟点另表规定）；署教练员以署长署员巡官分别担任（钟点及担任课程按表自行酌定填明报厅备查）。

四　教练课程如下：操法（依厅发科目按操典演练并讲授）、讲演礼节（依厅发礼节择要讲授并实地演习）、施用捕绳法及指挥车马手式（参照厅发本项讲授并演练）、职守问答及精神谈话（由讲员依照警察现行职务互设问答）、外事警察（依厅教练所本项）、单行章程并勤务章程、违警罚法。

五　长警听讲不发讲义，用笔记本记录。

六　教练以六个月为毕业，但两班闲日教授须满足十二个月方为毕业，毕业后由署给予教练证，得有三次教练证者免除教练。

七　每两月由厅考试一次，试时除操法礼节临时试验外，其余各门均以笔记之详略定之，但笔记除记载条文之外不得雷同，考试由行政科长行之。

八　考试各署长警成绩，多数优良者分别给奖，署长员、巡官同得记功，照章按功折奖，多数劣下者分别处罚，署长员、巡官同受记过处分，按过罚新。

九　各署讲堂置签到簿一本，讲员及应受教练长警均签名盖章以备考查，督察处各科职员同负查考之责。

十　讲员及应受教练之长警，非有特别事故不得旷误。厅员请假在一日以上者，须预先陈明厅长派员代替，署长员因有要公不能到堂时，须署长改班，须委任署员或巡官代理，署员改班，须委巡官代理，长员、巡官此外之人，不得滥委代理。

十一　讲员无故旷误，或不预先讲明，或不委人代理者，分别记过，照章按过罚金；长警无故旷误者，按一元以下支署罚饷。[①]

安东警察厅对警察教练的重视，不仅推动了商埠警察整体素养的提升，安东县警察教练分所也为教练基层警察注入了活力。

3.各县警察教练所

奉天省各县警察教练所在清末即已开办，但因财政、地域等因素各县并未同步进行，制度也未整齐划一，政权更迭之际，停办者亦有之。1917年开始，各县以部定警察教练所章程为基础，普遍新开或整顿警察教练所。

1917年3月，复县中断的警察教练所开始招收丙班学员[②]，先由所长演说，旋令诸生入堂受课，主要课程有警察职守概要、外事警察、中日约章会要、户口调查法、违警罚法、单行警察章程、自治大意、现行法令、体操、东语，之上"各科教授均亦得人，诚为警团前途以幸事"[③]。同年，北镇县警察教练所创办，"委刘□侠为教务长，外设教员四员，由警察所职员兼充，向各区抽调警士来所肄业，教授科目分警察单行章程、违警罚法、自治章程、中日约章、外事警察、现行法令、操法等项，以六个月为毕业，共毕业七班"[④]。辽阳县奉令修改教练所章程，规定每日课程八种，仍限一年毕业，"现在警士鲜有未经教练者，盖警察之知识渐增，而缉捕之武力渐减"[⑤]。

1918年，辽中县关知事开始创办警察教练所，何保恒充任所长，学警两班，教员三名，肄业期限一年，毕业后派各区所实习；"八年又招三四两班，教练所长由警察所长兼任，前教练所长改为主任，教员六名，九年五六

---

① 《奉天全省警甲报告书》卷上，奉天作新印刷局1925年。张研、孙燕京主编：《民国史料丛刊》第198册，大象出版社2009年版，第192—194页。
② 程廷恒修，张素纂：《复县志略》，成文出版社有限公司印行1974年影印本，第123页。
③ 《教练所课程一束》，《盛京时报》1917年3月21日第4版。
④ 王文璞修，吕中清纂：《北镇县志》，成文出版社有限公司1974年影印本，第359页。
⑤ 裴焕星修，白永真纂：《辽阳县志》，成文出版社有限公司1974年影印本，第847页。

两班主任改为教务长，其他均仍旧；到十三班时教员不另设，由警察所内员兼代，学警额数一至七班均四十四名，八班至十三班均三十四名，十四班至十七班均四十二名，每年二班，至今已经毕业十七班，共教练学警六百八十名"[1]。怀德县知事储镇遵饬筹办警察教练分所，抽调各区长警分班入所肄业，设所长一人，由警察所长兼充，另设教务长、教员、日语教员、教练员各一人，招收学警三十名，学期也是六个月。[2]12月，新民警察教练所恢复原定章程，入所警察由各区所拣送，每班三十人，六个月毕业，教练课程由警察所各股员义务分担颇有成绩。[3]

1919年4月1日，开原县奉令续办警察教练所，由第四班接续办理，"每班以六个月为限，每班三十名，所有支出各项经费年共小洋五百零二元五角"，1920年5月停办，1922年11月间奉令仍行续办，第六班每班学额仍为三十名，租城南街民房一所，1924年移至城西街城隍庙院内，至1928年"共毕业十四班，计学警四百二十名"，由各区抽调而来，"常年经费一千三百三十九元八角""由各项警捐抽收"。[4]

1922年10月20日，兴城县警察所长吴德麟因"所属警士多有不谙警章者，遇事措置失宜"，为整顿起见，"召集绅商，筹备款项，在县署东隔壁仓神庙设立教练所。委一分所巡官张遇舟兼充，体操教员委游击队长刘铭严兼充"。教练所长张遇舟在开学日发表演说，"本日为兴城设立警察教练所之开学日，亦为诸生来所受教之日，鄙人委充教员，敢进俚言以为诸生告天为政之道，贵有治法尤贵有治人，警察即治人之一，故为警察者非学不足以济事，非才不足以应变，其才学之长者虽足以执行治法，然非有道德有品行

① 徐维淮修，李植嘉纂：《辽中县志》，成文出版社有限公司1974年影印本，第381-382页。
② 孙云章、郭兆麟、张玉城修：《怀德县志》，《中国地方志集成·吉林府县志辑》第8册，凤凰出版社、上海书店、巴蜀书社2006年版，第419页。
③ 王宝善修，张博惠纂：《新民县志》，成文出版社有限公司1974年影印本，第155页。
④ 李毅修，王毓琪纂：《开原县志》，《中国地方志集成·辽宁府县志辑》第12册，凤凰出版社、上海书店、巴蜀书社2006年版，第220页。

则不足以正己，而化民道德为修身之本，品行为束身之要，敦品励行，近乎忠，尊德修业近乎智，必竭忠尽智而后可以行，法必公正廉明而后可以守法非然者当驱市人，而用之可也何用教练为哉？诚恐徒善不足以为政，徒法不能以自行，有治法无治人可以谋警察之进步达改良之目的者乎，诸生等当晓此意竭忠尽智，警察职务孜孜向学，收成功之实效，然后或可使强民，可使富，外侮何自来耶"①。

　　1924年5月，警务处长于珍对警察教育进行整顿，例如，改革各县警察教练所课程。各县警察教练所"旧订功课过于深奥、广泛，警士学习六个月不但不易领会，且多偏重理论而不切于实用"，于是，警务处新编"警察务须知等日常必需之功课六七门"，保留对外约章及奉省章程等课程，期望提高普通警察的教育水平。②1925年9月27日，《盛京时报》刊载一篇署名"丐"的论说，认为当时警察教育程度不高，致使勤务能力低下，提出设置特殊教育警察。"吾人行于今日之中国市街，吾人殊感教育警察设立之必要，尤以奉天为必要也。普通警察，如行政警察，虽含有教育性质，然彼等警察官吏，尚应重受教育，安能教育人民，此吾所以主张宜设特殊之教育警察也。此等警察，须慎其人选，优其俸给，年在四十岁以上，受有相当教育，富有口才常识，使其每日巡行街市，着庄重之制服，不佩刀而佩戒尺，专司一切行人、工人、车夫等等之一切，不正当、不礼貌、不文明、不守秩序等情事，遇则婉言晓谕，使其感动，不逊者申饬之，冥顽者，击戒尺五下，以耻之，不听教育者，执付行政警察或司法警察，而惩处之。如此一年之后，必见大效。"③虽然这一建议没有直接提出警察教育改善的路径，但是真实反映了警察教育提升的迫切性与必然性。

　　1926年，警务处长陈奉璋欲改良警察教育，计划将各县警察教练所化散

<hr>

① 《警察教练所成立》，《盛京时报》1922年10月25日第4版。
② 《警处改订教练法》，《盛京时报》1924年5月7日第4版。
③ 丐：《教育警察》，《盛京时报》1925年9月27日第1版。

为整，"划全省为四区，设教练所一处，选富有警察学识者为所长，学额每所定一百四十名，分两班教授，学警由各县选送，轮流教练，所有经费，仍支用各县警察预算教练经费，但因财政难以支持，变通办理，改为各县合办教练所，就各县学额之多寡，路途之远近分别或五县、六县合设一处，全省计设教练所十一处，学额定五县一百名，六县一百二十名，先由巡长入手教练六个月毕业，经费由各县平均分担，呈请于十六年度开始实行""乃以时局关系，置未照办"[1]。陈奉璋的改革没有实现，各县警察教练所仍照旧章办理。所以，张作霖主政时期，辽宁地区普通警察的教练状况较清末有较大进步，时人称教练所"成绩颇优，先后派往各区服务均能守法尽职，警政局面一新"[2]。

1928年，张学良主政后，对全省警政进行检查。各县知事亦纷纷条陈，开原县知事洪敬铭提到，"职县设警察教练所一处，教练期间以六个月为期，每期仅招生一班，三十余人而已，一载之间仅教练警察六七十人，全县警额三百余名，欲于短期间内而将全县警察中无程度之警察全行淘汰而去，势所难能"，故需"扩充县警察教练所班次提高行政警察程度资格，以求庶政之发达"[3]。高翔在《现在警款支绌，警察缺乏，欲刷新警政应如何着手》中指出，奉天省各县公安局"向有警察教练所，按原定计划，各县警察教育，早已普及，而其结果，大失所望"，应从以下几方面着手整顿："制定教练标准及普及年限；抽足原定教练警额；确实按期轮流训练；改订浅明实用之教练讲义；注重课外实习。"[4]由此可知，奉天省警察教育还有提升空间。而同时期的上海地区的警察教育比奉天省完善。"上海南京等处，都有警务教练所的设立，其目的就在乎造就健全的警务人才。"[5]1930年止，辽宁

---

① 王树楠等纂：《奉天通志》卷143，东北文史丛书编辑委员会点校1983年版，第3273页。

② 王介公修，于云峰纂：《安东县志》，成文出版社有限公司1974年影印本，第515页。

③ 《开原县知事洪敬铭呈报地方利弊革兴革条陈清折》，辽宁省档案馆编：《奉系军阀档案史料汇编》第7册，江苏古籍出版社、香港地平线出版社1990年版，第426页。

④ 高翔：《现在警款支绌，警察缺乏，欲刷新警政应如何着手》，《警务周刊》1931年第3卷第12期，第6页。

⑤ 徐淘编著：《警察学纲要》，上海法学社1928年版，第82-83页。

全省共成立"警察训练所四十四处，已毕业学警一万四千二百四十名，受训练者一千一百八十名。经费年支六万六千八百一十一元一角六分。教职员计二百二十九名，多系各地公安局职员兼任"[①]。

九一八事变发生后，辽宁乃至东北各省，主权独立下的警察教育开始停滞。1932年调查的东北各省警察教育概况见表4-9。

表4-9　东北各省警察教育概况（1932年调查）

警官学校			警士教练所			
名称	开办年月	备考	地方别	所数	毕业人数	年支经费
热河省警官学校	十九年八月	现已停办	热河	1	160	1218
辽宁省警官学校	十五年五月	现已停办	辽宁	44	14240	66811
吉林省警官学校	十九年一月	现已停办	吉林	8	500	23450
黑龙江省警官学校	十九年七月	现已停办				

资料来源：《警察教育统计》，《内政调查统计表》1933年第2期。

综上所述，民国时期奉天省警察教育在中央政府和地方政府的努力下，教育制度、教育机构、教育内容等方面均呈现良性发展与完善的趋势，教育效果也比较明显，即警察群体整体教育素养提高，但与上海等先进地区比较，还有差距，有待提高。

第三节　日本在大连兴办警察教育

警察官的品性高低、学历深浅与体力都会直接影响警察勤务业绩。日本

[①] 内政部年鉴编纂委员会编：《内政年鉴·警政篇》，商务印书馆1936年版，第291页。

占领关东州之后，在警察任用上开始关注警察教育。1905年12月，关东州民政署发布《巡查教习所规程》，巡查教习所成立。教习期间为1个月，警务部警务系主任担任教习。1906年，改为都督府巡查教习所。1908年4月11日，关东都督府发布《警察官吏教习所规程》，明确培养教育巡查训练生和巡查教习生，即教养警察官吏和初任巡查之人，前者期限6个月，第一期招收25人，后者期限3个月。1910年2月3日，训令第七号公布关东都督府《警察官练习所规程》，分科教习，即分为甲科、乙科和别科。甲科培养监督者，即警察干部，教习时间为6个月；乙科培养初任巡查者，教习时间3个月；别科培养特种技能者，随时进行。都督府职员担任所长和教官（专任二人）、教官补（专任四人），此外，设置书记2人，教务（临时雇佣）及助手若干。[①]主要教授科目见表4-10。

表4-10　关东都督府警察官练习所科别课程一览表

科目	甲科	乙科	别科
内容	宪法行政法、刑事诉讼法、监督法实习、国际公法、卫生警察法、刑法、警察法、经济学、汉语、统计学、点检法、剑道、操练、柔道、施绳法、马术射击及消防术	警察法大意、刑法、刑事诉讼法、警察法规、卫生警察法、服务实习、汉语、操练、点检法、马术、剑道、柔道、施绳法、射击及消防术	操练及点检法、消防术、会计事务、司法事务、统计事务、卫生事务、武术

资料来源：关东厅编：《关东厅施政二十年史》，关东厅1926年版，第291-292页。

1920年，练习所规则进行了修正。1922年，练习所开始招收讲习生。1924年11月10日，再次修正。甲科教练时间延长到8个月，经济学、林业法课程去掉，增加实务练习、民法、经济、中国情况、火药类及爆发性物品、社会改良及救济施设、犯罪搜查及编写指纹法报告；乙科教授科目增加服务法、宪法、行政法、行政地理、中国事态、邮政电信及编写电话簿取、课外讲演、实地见学；别科增加犯罪搜查及指纹法。巡捕教养仍袭用1906年5月

[①] 关东厅编：《关东厅施政二十年史》，关东厅1926年版，第291页。

颁布的巡捕采用及教习规程。关东州警察教育中十分重视外国语教育，"汉语、俄语、英语"都是需要重点学习的，并开展中国籍警察的日语测试，给予成绩优异者适当的奖励。[①]1927年10月，关东厅巡捕采用规则与关东厅警察官练习所规则进一步修正。[②]

关东厅警官练习所

（资料来源：関東長官官房文書課編：《関東庁要覧・昭和8年》，"第9章警察"，1934年。）

　　九一八事变后，日本强化警察行政，警察事务较之前繁剧。警察教育成为培养合格殖民警察的主要途径。警察官为警察监督和管理者，在进行选拔教育时，关东厅特别注意，符合以下三条才能经考试合格入警官练习所高等科学习，即：一，关东局巡查勤绩二年以上或有精勤证书的现任关东局巡查或据文官任用令的警部、候补警部，特别任用资格一年以上的巡查；二，身体强壮、志操坚实、品行方正者；三，勤务成绩优等的监督者、警察署长推荐的有才干技能者。每年20名左右，1932年之后，开始扩招。警察官的课程安排见表4-11。

---

① 关东厅编：《关东厅施政二十年史》，关东厅1926年版，第293页。
② 关东局编：《关东局施政三十年史》，关东局1936年版，第780页。

表4-11　关东厅警官练习所高等科课程及学时一览表

科目	单位(时数)	科目	单位(时数)	科目	单位(时数)	科目	单位(时数)
训育	二一	宪法	三五	铳炮火药及危险物	一六	消防	一〇
行政法	四四	刑法	六〇	特高警察	三八	高等警务	三〇
民法	四四	商法	四四	卫生警察	二四	兽畜卫生	一五
刑事诉讼法	六〇	刑事学	一四	卫生及传染病学	二四	药品化学	一〇
国际公法	三四	经济学	三六	犯罪搜查	一八	监识视	一四
警察总论	二六	保安警察	三〇	司法事务	一四	法医学及救急法	一六
写真术	一四	机械及自动车工学	二〇	中国及满洲事志	一四	社会学及社会事业	若干
电气瓦斯	一四	伦理学	二〇	课外讲演及补讲	四〇	点检操练及施绳法	一〇六
会计法及会计事务	二〇	监督实务及文书写作	二〇	马术	五八	射击	三二
汉语	一三一	中国时文	一五	武道	一五九	游泳	二〇

资料来源：关东局编：《关东局施政三十年史》，关东局1936年版，第783页。

教育初任巡查及巡捕的教习科目除相关诸法规外，中国及"满洲"事态、汉语也很重要，巡查单位学时安排如下：训育26，刑事诉讼法20，服务法50，司法事务30，宪法及行政法25，警察法40，刑法22，卫生警察15。巡捕教习的课程单位时数为：训育7，编写报告10，服务法28，点检及操练34，警察法28，射击10，日本语22。[①]巡查养成数见表4-12。

---

① 关东局编：《关东局施政三十年史》，关东局1936年版，第781-783页。

表4-12　1905年至1931年关东州巡查养成数一览表

区别 年次	初任巡查		初任巡捕		甲科生		别科生	
	教养员数	同上期间	教养员数	同上期间	教养员数/训练生	同上期间	教养员数	同上期间
1905 年	一五〇	一月						
1906 年	二八五	一月半乃至二月半						
1907 年	一四〇	一月半乃至三月						
1908 年	一六二	三月			二五	六月		
1909 年	九〇	二十日乃至二月						
1910 年	二四四	二十五日乃至二月半					点检操练三一	二十一日
1911 年	一九六	七日乃至三月			二三	五月	点检操练三一	二十一日
1912 年	二六二	九日乃至三月半					武道二八	七个月
1913 年	一二	九日乃至一月			二五	六月	点检操练四二	二十七日
1914 年	二〇六	半月乃至二月半			二〇	六月	剑道六	一个年
1915 年	九二	一月			二〇	六月	柔道六	一个年
1916 年	二二五	十八日乃至一月			二〇	六月		
1917 年	一七八	一月半乃至二月			二一	六月		
1918 年	四五三	一月十日乃至二月			一九	六月		
1919 年	三八五	二月乃至四月			一七	六月		

续表

区别 年次	初任巡查		初任巡捕		甲科生		别科生	
	教养员数	同上期间	教养员数	同上期间	教养员数/训练生	同上期间	教养员数	同上期间
1920年	二九九	一月乃至二月			二六	六月		
1921年	三一八	二月乃至二月半			三〇	六月	刑事指纹四九	十四日
1922年	一四〇	三月	三三	二月	二一	六月		
1923年	二三三	六六期生直接收容貔子窝配置警察，其他三月	五五	二月	二一	八月		
1924年	三〇二	二月	五〇	一月	二〇	八月		
1925年	一九一	三月	四五	一月	一九	八月		
1926年	一一九	一月乃至百日	九九	一月	二〇	八月	补习教育高等警察使用汽车九四	十日乃至二十日
1927年	二六六	二月乃至三月	八七	一月	二二	八月		
1928年	二四三	二月半乃至四月	一三三	十六日乃至一月	二二	九月	剑道二九	十四日
1929年	一九八	三月	六〇	一月	二一	十月		
1930年	二八〇	三月乃至三月半	八一	一月	二〇	十月		
1931年	三八一	二月十日乃至三月	二一	一月	二〇	九月		

资料来源：关东厅编：《关东厅施政二十年史》，关东厅1926年版，第294-295页；关东局编：《关东局施政三十年史》，关东局1936年版，第781页。

第五章　经费、精英与辽宁警察教育

人类社会的发展，受一定社会的生产力和生产关系、上层建筑和经济基础的发展制约。教育与人类社会发展关系密切，即教育受一定社会的生产关系和生产力发展水平的制约，同时也受到社会文化传统和人口等其他社会因素的制约。[①]所以，警察教育实施过程中，同样受到社会生产关系和生产力发展水平的影响。警察教育经费丰裕与否影响警察教育发展快慢、水平高低，同时，警界精英也会推动警察教育发展，诠释精英与社会变迁的关系。

第一节　辽宁省警察教育经费的来源与支出

警察是国家权力体系的一部分，清末民国时期，肩负国家内政安全、维持社会秩序等责任，其教育模式与体系基本依照中央政府政策施行，但警察教育经费基本由地方政府筹款办理。近代辽宁省警察教育经费主要来源税收，包括亩捐和各种商业税。经费充足与否与各府县纳税土地多寡和商业经济发展程度密切相关。

[①] 史小力：《教育学》，江西高校出版社 2018 年版，第 75 页。

一、晚清警察经费的来源与支出

鸦片战争后，清政府的财政体制与财务管理逐渐发生变化，即中央财权下移，地方政府财政权力逐步增强，新政经费多由地方政府筹款进行，但仍实行春秋报拨制度。1910年开始，清政府试办预算，1911年辛亥革命发生即停止。此时期，警察教育经费在警察经费项下开支，来源与支出数量均受警察经费多寡影响。

（一）警察经费来源

经费是近代奉天省警政建设的重要支撑。1908年，辽宁省奏报的地方财政收入为白银1531万两。其中，田赋726754两、盐厘1377046两、关税1891846两、正杂各税3520332两、正杂各捐3334697两、官业收入515557两、杂收入303579两、部款2627172两、受协款1017336两。1909年，辽宁省地方财政收入为1975万两，比1908年增加444万两，增长29%。1911年，按一般会计计算（不计旗属会计），辽宁地方财政收入总数为1618万两。其中各类收入所占比重分别为：正杂各税收入444.2万两，占27.4%；正杂各捐收入342.0万两，占21.1%；盐厘收入166.8万两，占10.3%；田赋收入65.8万两，占4.1%；官业收入107.3万两，占6.6%；杂收入75.7万两，占4.7%；附提关道经费13.9万两，占0.8%；临时岁入78.0万两，占4.8%；旗属解款18.8万两，占1.2%；户部拨款216.3万两，占13.4%；受协各款89.4万两，占5.5%。[①]总体而言，各项收入基本能够保证地方政府运作所需，收支平衡。此时期，警察经费采取"就地筹款"政策，经费来源十分复杂，"各州县警款筹划之法，或系保甲旧费，或系商铺捐输；或系按亩摊派，或系各项杂捐，率皆目前支应，究非常年的款"[②]。辽宁各地巡警款项以"地方

---

① 辽宁省地方志编纂委员会办公室主编：《辽宁省志·财政志》，辽宁科学技术出版社2000年版，第21页。

② 刘增和：《鸦片税收与清末警政改革》，《江苏社会科学》2004年第4期，第223页。

捐、营业捐、卫生捐"①为正旨。1907年，开原县创立警务速成科，以车牌捐为经费。②1906年，庄河县城商会为协助城警之需，每年收商捐"小洋三千七百六十三元三角，商号每家应摊由商会自行支配"③。亩捐是地方捐的主要支柱，1905年开征，每个县具体实施时间不一，如西安县1905年开征④，庄河县1907年开征⑤，到1908年，46个府厅州县全部开征⑥。各府厅州县地亩捐额见表5-1。

表5-1　各府厅州县地亩捐额表

（单位：小银元）

府县别	开征时间	每日地每月捐额	每日地每年捐额
新民府	不明	1角	
兴京府	1905年	1角	
昌图府	1906年	9分	
海龙府	1906年		6角
洮南府	1906年		2角4分
凤凰厅	1906年	5分	
法库厅	1906年	1角	
庄河厅	1907年	1角	
锦西厅	1908年	1角	
盘山厅	不明	1角	

---

① 徐世昌：《东三省政略》，社会科学院影印本1989年版，第3807页。

② 李毓修，王毓琪纂：《开原县志》，《中国地方志集成·辽宁府县志辑》第12册，凤凰出版社、上海书店、巴蜀书社2006年版，第214页。

③ 廖彭修，宋抡元纂：《庄河县志》，《中国地方志集成·辽宁府县志辑》第14册，凤凰出版社、上海书店、巴蜀书社2006年版，第459页。

④ 雷飞鹏修：《西安县志略》，《中国地方志集成·吉林府县志辑》第5册，凤凰出版社、上海书店、巴蜀书社2006年版，第539页。

⑤ 廖彭修，宋抡元纂：《庄河县志》，《中国地方志集成·辽宁府县志辑》第14册，凤凰出版社、上海书店、巴蜀书社2006年版，第452页。

⑥ 辽宁省地方志编纂委员会办公室主编：《辽宁省志·财政志》，辽宁科学技术出版社2000年版，第31页。

府县别	开征时间	每日地每月捐额	每日地每年捐额
营口厅	不明		1.5元
辽阳州	1906年	1角	
岫岩州	不明		
宁远州	1908年		7角
义州	不明	3分6～6分	
复州	不明	3分5厘	
辽源州	1906年	1角	
承德县	1905年	8分2厘	
抚顺县	1908年	1角	
海城县	1905年	1角	
盖平县	不明	铜元10枚	
铁岭县	1905年	1角	
辽中县	1906年	1角	
开原县	1907年	1角	
彰武县	1908年		7角
东平县	1905年		7角
西丰县	1905年		6角
西安县	1905年		沈平银2角36
柳河县	不明		1.02元
宽甸县	1906年		7角2分
通化县	1906年		6角
辑安县	1906年		6角
开通县	1907年		6角
靖安县	1908年		5角
安广县	1908年		6角

续表

府县别	开征时间	每日地每月捐额	每日地每年捐额
本溪县	1907 年	1 角	
镇安县	1908 年	1 角	
锦县	1908 年	1 角	
绥中县	1905 年	1 角	
广宁县	1906 年	1 角	
怀德县	1905 年	1 角	
奉化县	不明	5 分	
康平县	不明	1 角	
安东县	不明	1 角 6 分	
怀仁县	1905 年	1 角	
临江县	1908 年	1 角 08~1 角 68	

资料来源：辽宁省地方志编纂委员会办公室主编：《辽宁省志·财政志》，辽宁科学技术出版社 2000 年版，第 32~33 页。

　　亩捐为"奉省之特色"，而亩捐征收被地方绅商把持，"势若垄断"，亩名与捐数繁多而杂乱。辽宁省咨议厅议员陈阃在请巡警道注意亩捐混乱问题中指出，"各处亩名参差不齐，有六亩为日者，有六亩为晌者，有六亩为天者，有十亩为天者，有六十亩为锄者，有二百四十亩为方者；至其收捐又复不一，有亩年收一角者，有亩年收一角五分者，有晌年收三角贰角者，有六亩年收八角者，有晌年收中钱五百一千者，有年收七角者，有年分二季者，有四月为季年分三季，季亩收一角者，有三月为季，年分四季，季亩收一角者，季方收六元者，有方月收一元四角四分者，有锄月收四角者，有十亩月收一角五分者，有十亩月收一角者；又有双绳单绳之别，双绳以十二亩为日，单绳以六亩为日，有双绳日月收一角者，有单绳日月收一角者，有以东钱计者，有以分厘毫计者；至其征收方法又或随粮带征，或用会首科派，或交警局，或交地方官""弊滋怨作，实由于此"。[1]徐世昌认为，"征收各项警费办法尚未能悉就范围"，致捐税征收过程存在诸多弊端，必须严加整顿。

首先，划一亩捐征收单位。"亩捐一项或按亩计或按绳抽或以日扣，一日之中又有七亩、十亩、十余亩而成之区别"，各该警务长应"督饬总务股员妥为办理"，以力求划一。[2]实际上，警学亩捐征收过程中亩名与数量全省并未有一个统一的划定，而是在府厅州县这样的行政单位内达到了划一。亩捐按警七学三或警六学四分配。各地收捐不同，一般每亩月收警捐四五分，学捐三四分。[3]有时征收的数额也视支出变化而增加或减少，西安县最初"每亩月筹捐银洋八厘三毫三丝，合东钱七成二（凡言东钱几成者以每银洋定价七吊二百文）"，因有余款，1907年减为"月收东钱四成八，合洋六厘六毫"，1908年又"减为三成六，合洋五厘"。亩捐由区局乡会分收，"隐匿吞蚀转相弊积，逋欠斯多，饷且告绌"，1909年加收为"五厘五毫"。[4]

其次，赋予警察官吏征收和监督警察款项的权力。"各地方巡警款项之收入所有各捐，均应由该管警务长会同地方官造备三联票据，分别存废以资信守；各地方巡警款项收入，其由地方官征收者，应由地方官按季造册呈报，其由巡警长抽收者，应由警务长会同地方官造备按月呈核。"

经过徐世昌对警务经费征收的整顿，警费征收乱象有好转趋势。锡良主政时期，警察经费来源基本同前，"款项省城则取之房捐及其余之杂捐，外府县则出自亩捐，之取法不一，有每晌取铜元七枚者，洋一角者或角二者各等第，其数因各府县不同少者二三万，多者十余万，合计可得四百余万，半

---

① 《请饬巡警道划一警制议》，徐世昌：《东三省政略》，社会科学院影印本1989年版，第6893页。

② 徐世昌：《东三省政略》，社会科学院影印本1989年版，第3807-3808页。

③ 辽宁省地方志编纂委员会办公室主编：《辽宁省志·财政志》，辽宁科学技术出版社2000年版，第27-28页。

④ 雷飞鹏修：《西安县志略》，《中国地方志集成·吉林府县志辑》第5册，凤凰出版社、上海书店、巴蜀书社2006年版，第539页。

归巡警，半归学务，但亦有四六或三七划分者"①。1909年，新民府四乡巡警经费略有盈余，"每垧地月捐一角，全境地一五二八六一晌九亩"，岁入地亩捐183031元，商会及杂捐共收入2575元，共计岁入约185606元。岁出为166457元，盈余约19150元。②但是，亩捐征收的数量受到多种因素的影响，如各地辖境广狭、人口数量、土地开垦数量、土壤质地、气候状况等，有时也会入不敷出。如彰武县，因为其辖地"时起风沙，绝少沃壤，每年收获最多仅六七石，最少不及一石"，辖境地亩八万五千余天，每天年收小洋七角，去除捐务处开支五千一百六十余元，每年充警务费用仅"五万三千九百余元"，不敷之数无从抵补。③

总之，警察教育经费与警察经费充足与否密切相关，而警察经费受府厅县经济水平与土地开发数量影响，所以，生产力制约了警察教育发展水平。

（二）警察教育经费支出

警察教育经费支出主要有教员薪津、学生伙食费、办公经费及一些杂项费用，如保定警务学堂在其章程中指出，学堂经费额支项下，"提调一员，月支薪水银三百两。总教习一员，月支薪水银二百两。帮教习一员，月支薪水银一百两。操法教习洋员一员，月支薪水银一百两。口授警察法一员，月支薪水银五十两。洋文翻译一员，月支薪水银四十两。官学生额设三十员，每员月支伙食银八两。活支项下，制买警察各书，租赁房屋，添置木器，笔墨纸砚，功课本，功课牌，修理房屋等费随时禀请支领"④。天津警务学堂章程也有学堂薪饷数目的详细规定："总办月支薪水银一百两，津贴银一百两。提调月支薪水银八十两。文案委员月支薪水银五十两。译书委员月支薪

---

① 《锡良存档巡警改革条例》，中国社科院近代史所编：《近代史所藏清代名人稿本抄本》第3辑第124册，大象出版社2017年版，第112-113页。
② 管凤和：《新民府志》，成文出版社有限公司1974年影印本，第62-63页。
③ 《彰武县志》，《中国地方志集成·辽宁府县志辑》第15册，修纂人及修纂年月不详，上海书店、巴蜀书社2006年版，第680页。
④ 天津图书馆、天津社会科学院编：《袁世凯奏议》中册，天津古籍出版社1987年版，第616页。

水银五十两。考课委员月支薪水银四十两。医官月支薪水银四十六两。收支委员月支薪水银三十八两。司事月支薪水银二十二两。文武官学生月支津贴饮食银十二两。兵目学生月支津贴饮食银四两八钱。兵学生月支津贴饮食银四两三钱。书识月支饷银八两。差弁月支饷银八两。听差月支饷银四两四钱。局役月支饷银四两。伙夫月支饷银三两。长夫月支饷银三两。教习洋员或年满或辞退，均随时另订薪水，增减无定，照章按年造报。"[1]由此我们可以看出，保定警务学堂和天津警务学堂的主要支出在于职员薪水和学生花销。警察教育开展之初，这两所学堂成为其他警务学堂开办时学习的榜样，管理与运作模式基本相同。清末奉天全省巡警教练所预算表基本反映了这一事实，详见表5-2。

表5-2　奉天全省巡警教练所预算表

职衔	人数（员）	银数（两）	总数（两）
教习	30	60	1800
舍监	20	30	600
学监	20	40	800
伙夫、斋夫	80	4	320
学生	1200	衣履、伙食每月6	7200
书记员	2	30	60
庶务员	2	50	100
书手	4	8	32
收支员	2	40	80
管理军械员	1	40	40
仆役	20	4	80
伙食		500	500

---

[1] 天津图书馆、天津社会科学院编：《袁世凯奏议》下册，天津古籍出版社1987年版，第1058-1059页。

职衔	人数（员）	银数（两）	总数（两）
勤务员就学津贴	300	600	600
活支		1800	1800
总共		14,212	14,212

资料来源：金泽景：《清末东北奉天警察制度研究》，北京师范大学2006年硕士学位论文，第77页。

晚清时期，警察教育经费收支基本平衡，能够维持警察教育正常实施。以西安县为例，通过表5-3收支盈亏可见一斑。

表5-3　1910年西安县地方行政—警务款收支盈亏表

项别数别	本年亩捐	补元年亩捐	拨商捐	拨斗捐	收屠捐	拨妓捐	元年存款				统计
收入	78675798	7483.91965	1692	1955.096	2226.925	219.4	923.9523				93177.09095
支出	警务员司	马步训队	夫役工食	公费杂费	岗警	屠兽场	教练所	教练所修工	裁减薪饷拨学	收捐处薪公	拨斗捐书记薪水	盈
	9739	6.0717	696	4922.93	3821.5	983.45	2557.971	2195.8	1462	1893.6435	90	89079.3445	4097.74645

资料来源：雷飞鹏修：《西安县志略》，《中国地方志集成·吉林府县志辑》第5册，凤凰出版社、上海书店、巴蜀书社2006年版，第547页。警务盈"四千零九十七元七角四分六厘四毫五丝"，"系二年预支三年正月分饷"。

二、1912—1931年辽宁警察教育经费来源与支出

北洋政府时期，财政收入主要依靠税收和内外借款。税收收入主要包括

田赋、盐税、关税、烟酒税、印花税、契税、厘金等。[①]民国成立初期，北洋政府曾在全国推行分权制财政管理体制，划分中央政府与地方政府的财政收支，给地方政府一定的灵活度。但之后中央政府又通过专款上解制度加强中央财权，扩大了中央财政的支出规模。[②]可是，受军阀割据影响，地方政府名义上遵守中央财政制度，实际上，各地方政府的财政收入与支出具有明显的地域性。张作霖主政辽宁省后，财政状况逐步由赤字到盈余，又因军费支出过巨，逐步陷于财政困境，张学良整顿财政虽略有起色，但是，日本发动九一八事变迫使其中断。警察教育发展受经费影响，时而推进，时而不前。

（一）辽宁地区财政收入

1912年，辽宁的财政体制沿袭了清末财政体制。1913年冬，北洋政府财政部将田赋、盐课、关税、常关、统捐、厘金、矿税、契税、牙税、当税、牙捐、当捐、烟税、酒税、茶税、糖税、渔业税共17种列为国家税；将田赋附加、商税、牲畜税、粮米捐、土膏捐、油捐及酱油捐、船捐、杂货捐、店捐、房捐、戏捐、车捐、乐户捐、茶馆捐、饭馆捐、肉捐、鱼捐、屠捐、夫行捐、其他杂税杂捐共20种列为地方税。划分国家费与地方费，将地方开支中官俸官厅费（都督府、省长署、县知事署费）、海陆军费、内务费（省城商埠警察费）、外交费、司法费、官业经营费（邮电、路、航、山林、矿业费）和征收费（征收国家入款费）划为国家费；将地方立法费（议会经费）、教育费（专门教育、普通教育、义务教育）、其他警察费、由地方团体自办的实业费、卫生费、救恤费、地方团体经营的工程费、地方公债偿还费、自治职员费（市长、乡董薪水）和征收费（征收地方收入所需经费）划为地方费。但地方上报预算时，只报属国家收支部分。辽宁省未执行这些规定，省行政公署自行制定了《奉省收支统一章程》，规定国家税由地方征收后交省，地方税由县留用，以收抵支，就地收支。划分了地方（县）财政权

---

① 付志宇编著：《中国财政史》，对外经济贸易大学出版社2011年版，第229页。
② 付志宇编著：《中国财政史》，对外经济贸易大学出版社2011年版，第248页。

限，以五成车捐、五成亩捐、牲育捐、戏捐、牛户捐、屠宰捐为省捐；以二成车捐、二成亩捐、一成统捐附加捐为县自治捐；以三成车捐、三成亩捐、一成统捐附加捐为城镇、乡自治捐。①张作霖主政后，王树翰任财政厅长，拟办理财政兴革，诸如代行大银元本位；募集本省公债；募集五年期公债；整顿当税；整顿印花税；改设稽查员；整顿田赋；裁减各机关经费；清查各县商铺纸币；整顿烧酒业；整顿官员；整顿纸烟出厂税；整顿木税。②这些举措实际上均未产生任何效果。当时，地方军政费用增多，每年有数百万元亏空，甚至必须举债以维现状，收支仍不能平衡。1917年5月，王永江改任财政厅长后极力整顿，使财政状况逐步改善。奉天省行政公署下令各县经收国家、地方各款，凡应缴省的不准擅自动用，当月收款应于次月10日缴省。1920年末，除将所有内外债全部还清外，辽宁省库尚存奉大洋1100万元之结余金。③

　　1928年11月，南京国民政府再次划分国家税、地方税，将盐税、海关内地常关税、烟酒税、卷烟税、煤油税、厘金及类似厘金之通过税、邮包税、印花税、交易所税、公司及商标注册税、沿海渔业税和国有财产、国有营业、中央行政、其他属于国家性质收入共16项划归国家；将田赋、契税、牙税、当税、屠宰税、内地渔业税、船捐、房捐、地方财产、地方营业、地方行政、其他属于地方性质的收入共12项划归地方。1929年，辽宁省开始执行此种财政体制。④7月31日，辽宁省政府发布征收租税章程的命令，主要内容如下：（1）租税类别。国家税为所得税、继承税、消费税；省地方税为田赋、契税、剪课、营业税、牲畜税、渔业税；县地方税为车捐、房捐、船

---

① 辽宁省地方志编纂委员会办公室主编：《辽宁省志·财政志》，辽宁科学技术出版社2000年版，第106-107页。
② 《奉天财政厅函遇张作霖到任后本厅主管兴革办理情况报告》，辽宁省档案馆：《奉系军阀档案史料汇编》第2册，江苏古籍出版社、香港地平线出版社1990年版，第642-647页。
③ 马尚斌：《奉系经济》，辽海出版社2000年版，第217页。
④ 辽宁省地方志编纂委员会办公室主编：《辽宁省志·财政志》，辽宁科学技术出版社2000年版，第106-107页。

捐、广告捐、屠宰捐、亩捐、其他之杂捐。（2）消费税。奢侈品如参茸等为25%，烟酒等为20%，丝毛织品等为12%；特产品如豆类为10%，木植类为7.256%，黄丝类7.5%；普通物品如细粮为5%，杂粮为1%，一般土产为3%。（3）田赋。上则每亩年课现洋1角5分4厘；中则每亩年课现洋1角1分；下则每亩课现洋6分6厘；减则每亩年课现洋3分3厘。（4）剪课。上则剪场每把300亩，年课现洋3元；中则剪场每把400亩，年课现洋2.5元；下则剪场每把500亩，年课现洋1.5元。（5）营业税。普通营业税率为2%；特种营业如旅馆、妓馆、饭馆、影戏院及其他专供娱乐或享用之营业，其税率为3%；奢侈营业如金银珠石店、化妆品等，其税率为5%。（6）车捐。大车年收现洋分别为4元、2元、1.5元；汽车月收现洋分别为3元、6元、1元；马轿车月收现洋1元；宽轮大马车月收现洋2元。（7）广告捐。刊登类10%；印刷类20%；竖牌类40%；影戏类50%；游行类60%；窗饰类60%；赠品类50%。（8）屠宰捐。牛每头收现洋4元；猪每口收现洋2元；羊每只收现洋0.5元。（9）亩捐。上则每亩年收现洋 1角4分6厘；中则1角4分；下则1角3分4厘；减则6分7厘。[①]通过整理税收，税收额有了较大幅度的增加。以怀德县为例，表5-4列出了其各项捐费情况。

表5-4　1927年怀德县地方公款处经收各项捐费一览表

（单位：元）

名称	收入总数	拨解款数	实剩款数
亩捐	1956977640	195697764	1761279877
车捐	123588250	65715050	61873200
屠宰捐	20532527	2053253	18479274
肉捐	16608417	8304209	8304208
妓捐	53159167	5315917	47843250
枪印捐	1746975	1746975	无

① 董慧云、张秀春：《张学良与东北新建设资料选》，同泽出版社1998年版，第245—250页。

续表

名称	收入总数	拨解款数	实剩款数
戏捐	678541	67854	610687
人力车捐	302933	30293	272640
马车捐	6891300	689130	6402170
电车捐	464000	46400	417600
营业捐	114467898	11446789	103021109
学田租	35354497	无	35354497
合计	2330772145	287113634	2043658512

资料来源: 孙云章、郭兆麟、张玉城修:《怀德县志》,《中国地方志集成·吉林府县志辑》第8册,凤凰出版社、上海书店、巴蜀书社2006年版,第447页。表内各数均以奉大洋计。

1912—1931年间,奉天省的财政税收制度具有明显的区域独立性,历年总体收入相对稳定,财政状况整体较好(战事频发时除外),警察经费相对充足,但也有个别时候经费紧张,导致警察机构合并、警员减薪等情况出现。警察教育经费隶属于警察经费,教育施行与经费充足与否关系密切。警察经费仍主要来源于亩捐和商捐。开原县教练分所经费由各项警捐抽收,"常年经费一千三百三十九元八角"[1]。1920年,庄河县"地方士绅核议减轻人民负担,议决亩捐随粮地数目并征,实行田亩划一,全年按一季征收即依粮地之上中下三则规定之(沙碱地俱划归下则),上则地每亩征小洋一角,中则地每亩征小洋九分,下则地每亩征小洋八分,全年统计共征小洋六万二千二百三十七元二角八分一厘"[2]。安图县警察经费"常年经费由地方亩捐开支"[3]。1925年12月12日,安图县地方公款处主任那圣忱责成地方警甲

---

① 李毅修,王毓琪纂:《开原县志》,《中国地方志集成·辽宁府县志辑》第12册,凤凰出版社、上海书店、巴蜀书社2006年版,第220页。

② 廖彭修,宋抡元纂:《庄河县志》,《中国地方志集成·辽宁府县志辑》第14册,凤凰出版社、上海书店、巴蜀书社2006年版,第458页。

③ 马空群修,孔广泉、臧文源纂:《安图县志》,《中国地方志集成·吉林府县志辑》第4册,凤凰出版社、上海书店、巴蜀书社2006年版,第221页。

催收1923年和1924年亩捐陈欠，指出"安图本系新开县分，捐赋无多，每年收入仅在万元之谱，而岁出竟超过收入，以故去今两年地方公亏甚剧"[1]。1927年，"奉省金融陡变，洋价累涨，每元价格月各不同"，怀德县年终计"共收奉大洋一百九十五万六千九百七十七元六角四分一厘"[2]，比之前收取偏高。

内政部长赵戴文呈称："吾国兴办警察历数十年，而成效鲜睹，此固由于组织不善、训练不精，然推其主要原因尤在经费致无着。查各处办理警察，每多就地筹款，鲜有列入预算，经费既不充裕，自难免敷衍因循，且为筹款计不得不假手绅董，遂又开劣绅土豪把持之端，一切弊窦由此从生，故欲谋警察之整顿应自确定经费着手。"[3] 1929年5月9日，国民政府公布确定警察经费办法五条，即"一，内政部直辖之警察机关警察及学校并其他整顿警察临时所需之必要经费由国库支给之；二，各市、县及特别市之警察经费，由省政府及特别市政府支给，于必要时得由国库补助之，但不得过十分之三；三，各市县警察经费由省政府统筹统支，而原有各市县之警察经费应提解省政府酌为支配，倘所指定拨充警察费之税捐有过于苛细或不确实不平均等省政府当另指较为平衡之税源，但仍须解省收管开支；四，警官俸给应照内政部颁布警察官俸给暂行条例暨附表支给之，警士薪饷亦须按现时生活程度酌量增加，由内政部另章规定之；五，各省及各特别市警察经费每年预决算均须报由内政部审核备案"[4]。辽宁省按此办法执行。

（二）警察教育经费支出

民国成立后，财政支出结构发生变化，军费为主，行政费为次。警察经费在行政费中支出，所以额度有限。例如，1921年，军费支出占总支出的比

---

① 《公款处严催陈欠》，《盛京时报》1925年12月30日第4版。

② 孙云章、郭兆麟、张玉城修：《怀德县志》，《中国地方志集成·吉林府县志辑》第8册，凤凰出版社、上海书店、巴蜀书社2006年版，第446页。

③ 《附录 行政院呈国民政府原呈》，孙燕京、张研主编：《民国史料丛刊续编》第98册，大象出版社2012年版，第50页。

④ 《确定警察经费办法 中华民国十八年五月二十一日国民政府核准施行》，孙燕京、张研主编：《民国史料丛刊续编》第98册，大象出版社2012年版，第49页。

重达73%以上，警察经费、教育费、农商费的支出则很少。①对于县级财政支出来讲，行政费为大宗，细化为各类行政费用，以怀德县为例，其支出情况见表5-5，警察经费占行政费支出比重较大。

表5-5　1927年怀德县地方各机关支出经费一览表

总目	分目	额支（元）
内务行政费	警察事务所	917603950
	记典	3997534
	教育公所	37566335
	县视学	1240000
	东洋留学费	2400000
	师范讲习学校	65899290
	初中学校	31911000
	职业学校	27125510
	县立高级小学校	28129500
	县初立小学校	157835000
	区立小学校	60889000
	村立小学校	51910000
	私立小学校	15036000
	平民学校	4068190
财务行政费	地方公款处	29097600
实业行政费	农事试验场	20995300
内务临时行政费	警察临时费	14905000
	翻译费	360000
教育临时行政费	教育临时费	30655000

① 辽宁省财政志编审委员会：《辽宁省财政志 1840—1985 年》，1994 年内部出版，第 327 页。

续表

总目	分目	额支（元）
保甲费	保甲所	125719000
合计		1717343209

资料来源：孙云章、郭兆麟、张玉城修：《怀德县志》，《中国地方志集成·吉林府县志辑》第8册，凤凰出版社、上海书店、巴蜀书社2006年版，第448页。表内各数均以奉大洋计。

1929年，张学良易帜，开始对财政进行整理。但财政支出继续增加，当年财政支出388669万元，其中军费345833万元，占总支出的89%；行政管理费28429万元，占支出7.3%；教育费13365万元，占支出3.4%；经济建设费1042万元，占支出的0.3%。警察经费支出比例随行政费支出比例下降而减少。

警察经费支出主要包括警务人员俸给与津贴、办公经费、教育经费等项。俸给支出有一定的标准，如警察官的薪俸标准见表5-6。

表5-6　警察官官等官俸表

任别	等别	级别	俸额（元）	备考
简任	1	1	580	
		2	520	
	2	3	460	
		4	400	
荐任	3	1	340	省会公安局及普通市公安局：局长为荐任四级至二级俸；督察长、技术官、秘书科长、分局长为委任三级至一级俸；督察员、技术员、科员为委任五级至四级俸；分局巡员为委任六级至五级俸；巡官为委任七级至六级俸
		2	300	
		3	260	
	4	4	220	
		5	180	
委任	5	1	150	县公安局：局长为委任三级至一级俸；科长、分局长为委任五级至四级俸；科员、分局局员、巡官为委任七级至六级俸
		2	130	
		3	110	
	6	4	90	县公安局：局长为委任三级至一级俸；科长、分局长为委任五级至四级俸；科员、分局局员、巡官为委任七级至六级俸
		5	70	
	7	6	50	
		7	30	

资料来源：《警察官官等暂行条例》《警察官俸给暂行条例》，《河北省政府公报》1928年第140期，第18-23页。

警察教育经费支出中教员薪津和办公费用仍是主体。1920年，怀德县警察教练分所"常年经费奉小洋一千六百元"，由警款项下开销，仅教务长及教员一员月支薪公等费。[1]如果教员是兼任，一般不另支薪，仅给津贴。梨树县"讲员均由警所职员兼任，按月酌给津贴，不另支薪，全年经费一千五百三十六元"[2]。警察经费由经常支出和临时支出构成，教练经费列于临时项下，据《奉天警甲报告书》中所列各项，摘录具体数据，可了解警察教育经费支出概况，见表5-7。

表5-7　奉天省各县警察教练经费支出一览表

警察官署（县）	警察教练经费支出	临时经费总支出	警察总经费支出
沈阳	1811000	15783600	93514600
辽阳		18443175	270923244
新民	1391000	20418240	120158240
辽中	1600000	11064000	85710000
锦县	944000	3288362	81132762
义县	1000000	1888000	68160000
锦西			30328008
黑山			74646000
盘山	813000	1065000	79374000
北镇	700000	6311000	62650160
彰武	1000000	2264000	64250000
铁岭	1000000	4817000	67111500
营口	704000	4132000	33813200

---

[1] 孙云章、郭兆麟、张玉城修：《怀德县志》，《中国地方志集成·吉林府县志辑》第8册，凤凰出版社、上海书店、巴蜀书社2006年版，第419页。

[2] 曲廉本修，李溶、范大全等纂：《梨树县志》，《中国地方志集成·吉林府县志辑》第9册，凤凰出版社、上海书店、巴蜀书社2006年版，第397页。

续表

警察官署（县）	警察教练经费支出	临时经费总支出	警察总经费支出
海城	139000	17205000	114344600
盖平	30000	10828851	71913501
绥中	1030690	6343186	48640466
开原	1095000	7849000	67658200
东丰	1683000	15915000	103699000
台安	1344000	1344000	3443200
兴城		4944000	37912000
西丰	1034000	11450000	73727000
西安	1324000	9695500	77291000
安东	1260000	7511260	37904960
抚顺	1034000	4134000	36139500
本溪	912000	3852000	40149600
复县	1340000	9604430	76381450
宽甸	600000	600000	42502000
临江	1104000	12979000	65450000
海龙	1000000	14200000	88156000
庄河	593340	593340	44777340
辉南		125300	33190810
桓仁	1113200	4645060	62182980
安图		1140000	8312000
凤凰		5020000	45578000
辑安		6036000	38825000
兴京	990000	990000	41568000
柳河	960000	16375800	74167800
岫岩	950000	6714000	43968000

警察官署（县）	警察教练经费支出	临时经费总支出	警察总经费支出
通化	1034000	7671900	55815900
长白	317000	4540500	25453500
抚松			15568000
辽源	1034000	11161000	73595000
昌图	1394000	12494000	103374000
开通		2806270	21190770
安广		4105680	22101680
镇东		1264000	18052000
法库	1515000	7755570	66121570
突泉		792900	6450000
瞻榆		2808000	20444000
洮南	1200000	1200000	23976800
怀德	1801750	1801750	89201750
梨树	1200000	6620000	87714000
康平	928000	5278000	50580000
洮安			18176000
双山		1299120	15803720
通辽	100000	5767000	57299800

资料来源：《奉天省警察支出经费表》，《奉天省警察报告书》卷下，奉天作新印刷局 1925 年。

　　警察教练经费占警察总经费支出的一小部分，如沈阳县约为1.93%，新民县约为1.16%，康平县约为1.83%，梨树县约为1.37%，柳河县约为1.29%。一般而言，历年警察总经费支出无明显变化时，警察教练经费支出亦无显著波动，1923与1924年奉天警察传习所支出经费比较可反映此点，见表5-8。

表5-8　1923年与1924年奉天警察传习所支出经费比较表

（单位：元）

年别 经费别	1923年	1924年	比较	
			增	减
俸给	10920000	10920000		
办公	17418000	17430000	12000	
杂费	336000	324000		12000
合计	28674000	28674000	12000	12000

资料来源：《奉天省警察支出经费表》，《奉天省警察报告书》卷下，奉天作新印刷局1925年。

　　警察教育经费收支平衡能保证警察教育正常开办，教育经费不足，阻碍警察教育施行。如辉南县，1916年开始设立警察教练分所，将警察教育经费规定地方预算，每年奉大洋500元，因经费不充以致屡办屡停，"自民国六年至十二年若按六个月为毕业计算，应教练十四班，乃仅毕业四班，甚至毕业后因匪患调遣防剿竟致未发证书，而各学警已风流云散"[1]。怀德县1911年停办，1920年7月才开始续办。[2]辽宁警官高等学校开办时，因"经费无多，较之他省同等学校，相差殊甚，以致现有支付，已感窘绌，掘罗乏术"。但"以期警政臻于完善起见，不能以噎废食，因于无可如何之中"，呈请省政府拨常年经费"大洋三万九千四百十六元"，以资办理，而利进行。[3]由此可见，警察教育经费是保障警察教育顺利施行的基础。

　　综上所述，从晚清警察教育开办至九一八事变停止施行，辽宁省警察经费筹措不易。警察教育经费是警察经费支出中的组成部分，但所占比例较小。在军阀割据混战时期，警政受到军政钳制，尽管有一定程度的发展，但尚不能与社会发展相适应、相匹配。因此，保障警察教育经费充足，以提升

---

① 白纯义修，于凤桐纂：《辉南县志》，《中国地方志集成·吉林府县志辑》第3册，凤凰出版社、中国书店、巴蜀书社2006年版，第570页。

② 孙云章、郭兆麟、张玉城修：《怀德县志》，《中国地方志集成·吉林府县志辑》第8册，凤凰出版社、上海书店、巴蜀书社2006年版，第419页。

③ 《续调现职警官来校训练》，《辽宁警官高等学校校刊》1931年第1期，第268页。

警察群体文化水平与职业素养，具有极其重要的社会意义。

第二节　警界精英与辽宁警察教育

"精英"一词，最初在17世纪是用以形容质量精美的商品，在19世纪后期的欧洲和20世纪30年代的英国与美国，这一词语才被广泛运用于与社会及政治有关的著作中。[①]精英，指社会上具有卓越才能或身居上层地位并有影响作用的杰出人物。与一般天才和优秀人物不同，其在一定社会里得到高度评价和合法化的地位，并与整个社会的发展方向有联系。因其散布于各行各业，从而可窥测社会分层现象。[②]其分类有社会精英、政治精英、权力精英、统治精英、战略精英、经济精英、文化精英、军事精英、知识精英、技术精英等。其中，权力精英的"地位可以使他们作出具有重大影响的决策"[③]。本文中的警界精英也是权力精英，他们基本是警界的领导层。领导"是一种影响力，是引导人们行为，从而使人们情愿地、热心地实现组织或群体目标的艺术过程"。近代辽宁省警界精英领导警察教育日益发展、完善。

一、徐世昌

徐世昌，字卜五，号菊存，直隶天津府天津县人。徐世昌与袁世凯创办天津警政，开办保定巡警学堂。1905年设巡警部，任巡警部尚书。1906年4月，主持将原设的京师警务学堂改造为高等巡警学堂。徐世昌等人在上帝、后的一道奏折里道明了设立高等巡警学堂的缘由："伏维保安之用，警政

① [英]巴特摩尔：《平等还是精英》，尤卫军译，辽宁教育出版社1998年版，第1页。
② 邓伟志主编：《社会学辞典》，上海辞书出版社2009年版，第346页。
③ [美]C.赖特·米尔斯：《权力精英》，尹宏毅、法磊译，新华出版社2017年版，第1页。

徐世昌

（资料来源：百度。）

为先，造就之方，学程最要。现在整理内外城警政需用警官以下人才日多，加以各省举办巡警，多因任该不敷，或咨请调员前往，或电请派人来学，尤非亟设高等学堂，分科教授不足以宏启迪而资应用……惟京师首善之区、学堂又为各省标准，现因款项支绌，仅就财力所能敷者办理，嗣后仍当增筹款项，设法恢张，以期成材日众，学业日精，内供京城选用，外应各省取求。用副朝廷开设专官，保卫元元之至意。"[1]他指出："巡警为和平军人，有保安责任，尽人皆知，然和平之性质不由教育中陶成，则何异庸愚军人之资格不受训练之范围则易流强暴，以之保安呜呼其能？"[2]由此可见，徐世昌对设立高等巡警学堂、培养专门警务人才的重要性认识深刻，当其于1907年受命主政东三省时，将兴办警察教育的理念进行贯彻。徐世昌大体了解辽宁警察素质情况，接受警务学堂教务长忠芳的建议，在省城设立高等巡警学堂一所，主持制定《奉天高等巡警学堂章程》，培养高级别的警察官；鼓励各府厅县设置巡警教练所（原设有警务学堂的改设教练所），一方面招考学员，从而培养初级警察官和普通警察，一方面由教练所对在职警察进行脱岗轮训，增加普通警察的警察知识，慢慢提升警察群体的专业素质。徐世昌在辽宁地区对警察教育的推进，是连接赵尔巽与锡良开办警察教育的重要链条，承上启下，不容缺失。

---

[1] 《本部奏开办高等巡警学堂情形折》，中国第一历史档案馆馆藏档案。转引自韩延龙主编：《中国近代警察制度》，中国人民公安大学出版社1993年版，第240页。

[2] 徐世昌：《东三省政略》，社会科学院影印本1989年版，第3887页。

二、王永江

王永江，1872年生于奉天省金州城南门内路西（今辽宁省大连市金州区），字岷源，号铁龛。清末，王永江与其弟分别考中乙酉科优贡和丁酉科岁贡，金州人喻为"二陆双丁"。当时，王永江家生活日趋困窘，王永江懂医术，便商得亲友资助在旅顺口开设小中药店"采真堂"，日俄战后，民族商业受到冲击，小中药店也因亏损停业。时日人创立"南金书院"进行文化侵略，慕王永江之名，聘为汉文教员。可是，日人却不准学生课余阅读中国书籍，王永江愤而辞职。对警察制度产生兴趣，后受袁金铠之邀，去辽阳试办警务学堂，其参照日本警政制度，结合中国社会情况编出警政法规、章程制度等讲义数十种，以其有功，擢为辽阳警务所长，警政成绩斐然，得东三省总督锡良叙奖，誉为"奉省办警政的第一人"。辛亥革命起，王永江为南路巡防营管带，赵尔巽调其率队赴铁岭镇压革命党。民国后，王永江历任辽阳、康平、牛庄、海城及奉天省城税捐局长。1916年被任为奉天省督军署高级顾问，深得张作霖信任。[①]11月，王永江担任辽宁全省警务处长兼省城警察厅厅长。因各县"警察良莠不齐，近更发生警长与县知事及地方士绅冲突之事"，有人甚至喟叹："警政已无整顿之望。"王永江十分重视警政整顿。据报载，他"接事后，对于整顿手续纯取严格主义，其余属员则铁面无私，见时必将其短处劣迹当场揭出，是以警务中一般及

王永江
（资料来源：百度。）

---

① 中国人民政治协商会议辽宁省委员会文史资料委员会编：《辽宁文史资料．总第39辑．辽宁文史人物录》，辽宁人民出版社1993年版，第7—8页。

时行乐诸分子已咸有戒心"①。

　　对于警察教育，他"分派学员、推陈出新、分级增薪、严禁请假、详查户口、改定名称、继续教练"②，采取两级教练制。所有在教练所毕业之警员，如果任职期间服务勤勉，就有机会被选拔进入警官学校，继续学习高等警务知识，再度毕业后即为"记名署长或记名警务长"，实习期满后实行升任。③王永江认为，警察主要职责与"人民接近"，其行为直接影响警察形象，必须"具有警察学识品格高尚者"才能胜任。曾经"凡文理通顺，体格强健，身家清白者"即可报考、录取为警察，王永江在此基础上，增加必须毕业于警察专门学校、有警察教练所毕业文凭或素有警政经验，并经过考试"学识相符者始能录取"④。外县的警务长和省城各署长由一等警官中之成绩最优者选任。警士陈品一毕业于奉天省警察专门学校，后在安东等处办警务，取得了良好成绩。王永江"久器其才"，适逢辽阳警长出缺，即予优先委任。

三、于珍

　　于珍，1887年生于辽宁省铁岭县镇西堡乡罗家房身村，字济川。1906年6月由政府选送去留学，日本振武学校和陆军士官学校步兵科第八期毕业。1911年5月毕业回国，曾任奉天讲武堂堂长，陆军小学步兵科科长，奉天陆军补习学堂监督⑤、东三

于珍

（资料来源：《奉天警甲报告书》上卷，奉天作新印刷局1925年。张研、孙燕京主编：《民国史料丛刊》第198册，大象出版社2009年版，第15页。）

---

① 《王永江接任警务之初幕》，《盛京时报》1916年11月15日第4版。

② 《奉天警界新消息》，《神州日报》1917年5月7日第7版。

③ 《王岷源整顿警政之大计》，《盛京时报》1916年12月13日第4版。

④ 《王岷源整顿警政之大计》，《盛京时报》1916年12月13日第4版。

⑤ 铁岭市地方志办公室编：《铁岭历史名人》，沈阳出版社1991年版，第188页。

省边防督办公署副官处处长、奉天全省警务处视察长，陆军第二十九师参谋长、黑龙江督军署参谋长、军官团团长、东省特别区警察总管理处副处长等职。1923年10月到1926年6月任奉天省警务处处长。任职期间，于珍十分重视辽宁省警察教育。他认为，"政治之兴废在人材之得失，而所谓人材者，学识之外尤以经验为至重"，为储材备用、整顿外县警务，特令各县警所保荐警务见习员两名，"届期集省应考以凭去取"，见习期为三个月，见习事务为内勤、外勤。同时，推行优秀的警学人才给予奖励并记名，待有缺优先擢用。①

四、黄显声

黄显声（1896—1949），辽宁省凤城县石庙子蓝家沟人（现岫岩县）。1917年，考入北京大学；1919年因参加五四运动被迫辍学。1921年，入东北陆军讲武堂第三期炮料，结业后在东北军中任职，因其治军严谨、聪敏而正义，为张学良所赏识。1931年3月，调任辽宁省警务处长兼沈阳市公安总局局长，兼任辽宁警官高等学校校长。

九一八事变时，曾率部在沈阳抵抗日军侵略，后退守锦州组建公安骑兵总队，并首创抗日义勇军，其势力遍及辽宁各地，被日军视为眼中钉。1932年1月，锦州失陷，黄显声率部入关。2月，公安骑兵总队被张学良编为东北军骑兵第二师，黄显声任师长，先后驻防于北平西苑、河北易县、涞源一带。在此期间，黄显声开始暗中与共产党联系，将原辽宁省政府秘书、中共党员刘澜波任命为少校书记官，留在身边。又通过刘澜波从中共北方局请来孙致远、康少逸、朱大光、刘景祐、白坚等17名共产党员，以秘书、粮秣军需官等公开身份开展工作，并开办教导队，培训抗日骨干。1935年7月，张学良将东北军的骑兵合编为骑兵军，委任黄显声为

---

① 《警务处计划储才》，《盛京时报》1925年6月23日第4版。

黄显声
（资料来源：百度。）

副军长。黄显声拒不"剿共"，还将国民党派的特务逐一清除，使骑兵军成为东北军中唯一没有和红军发生过摩擦的车队。1936年夏，东北军中有识之士秘密建立抗日核心组织"抗日同志会"，黄显声是该组织重要成员之一。同年，秘密加入中国共产党。10月，东北军、西北军在西安王曲联合创办军官训练团，黄显声任教育长，他以联共抗日为宗旨，致力于革除陈腐作风，培养了一大批骨干。1937年冬，黄显声决定去延安，继续从事抗日活动。

此举受到周恩来的赞赏，并相邀参加抗日军政大学领导工作。1949年11月27日下午，黄显声被国民党特务暗杀于重庆白公馆步云桥上。1949年12月1日，重庆解放。重庆市革命烈士审查委员会审定黄显声为烈士。12月15日，重庆市各界人民举行追悼大会，沉痛悼念"一一·二七"殉难烈士，中共中央西南局及中国人民解放军第二野战军负责人刘伯承、邓小平等亲自前往祭奠。1960年经国务院总理周恩来批准，将黄显声的英灵移至北京八宝山革命公墓。[①]

综上所述，辽宁警察教育由传统走向近代，是众多警界精英辛苦耕耘推动的结果。这些对警政熟悉、经验丰富的"领头羊"，从中央警察教育政策推行、地方政策制定与实践、警察教育人事任用与机构开办、经费筹措与调节等方面作出了重要贡献。警界主要领导人的更替，也会导致现教育政策执行上的断裂，影响警察教育的推行。如张宏周离任后，其考取的400名警学生未能按期上课，主要原因是教练所长也随其离职有了更动，

---

① 辽宁年鉴编辑部编辑：《辽宁年鉴》，辽宁年鉴编辑部2004年版，第296页。

新任所长对录取各生重新审查，发现有"目不识丁者，故另行甄别，以拔真才而定去留"。但是警学生的警服早已由前任黄所长下发，"深恐一经除名警服难望收回"，便"先行设法收回"，警学生等"闻知消息，乃将所内门窗玻璃毁损殆尽"，新任所长"以学生实属蛮横，当请上峰将该所解散，另行报考新生。故定本月三号起五号止为报名日期，六号即行考试"。①

① 《忽聚忽散之警察教练所》，《盛京时报》1916 年 5 月 5 日第 4 版。

第六章　辽宁警察教育的特征与功能

根据马克思主义警察观，警察是"国家机器的重要组成部分，是统治阶级用以维护和巩固其阶级统治，实现阶级专政的重要工具"[1]。国家职能具有双重性，即政治统治职能和管理职能，任何一个国家不仅对自己所代表的统治阶级承担义务，而且也要对本国的社会发展承担责任；既要从本阶级利益出发管理社会，又要靠社会的安定与发展来巩固自己的政治统治。[2]因此，警察具有统治与治理的双重职能。警察教育为实现警察职能服务，并因其职能具有政治、文化等社会功能。

第一节　辽宁警察教育特征

辽宁警察教育兴起于晚清，发展于民国，因九一八事变发生而中断。在近30年的历程中，区域特征突出，主要体现在不平衡性与治安性上。

一、不同区域与职务间发展不平衡

晚清至九一八事变前，辽宁省警察教育逐步发展，取得了良好的成绩，但仍存在一些问题，其中，发展不平衡很明显，表现为同时期内区域发展不

---

[1] 安政：《中国警察制度研究》，中国检察出版社2009年版，第14页。
[2] 蔡诚主编：《公安学概论》，中国人民公安大学出版社1985年版，第30页。

平衡和同时期内不同职务警察群体的教育发展不平衡。

　　首先，区域发展不平衡主要由各地政治、经济发展程度决定。如临江县、辉南县等奉天省边区，相对较为落后。临江县1902年始设治，1905年冬设立巡警，"六区只百二十五名""学历经验均极幼稚"，且"并无操法可言"。①辉南县位于奉天省会东北，"相距六百二十里""地处边荒无暇教练"，1919年"责成警察所长遵照颁定警察教练分所章程抽调各区长警更番教练，以广储警察普通之智能"。②安东县位于"奉天省东南隅，距省会六百里"③，于1917年11月及1918年1月先后奉警务处令开设警察教练分所，但"以款绌警单"呈请暂缓设立。1920年10月，林知事抽调各区警士10名到所教练，"未几无形解散"。1921年1月，援照"警额在百名以下县分不便筹设所者""由各该管长官于各长警休息时间，将警察应具知识自行择要讲授"④，教练分所未能建立。1922年4月，安东县知事关定保开始筹设教练分所，适值"夏防吃紧，警力单薄，且无地址房屋以致暂缓"，而后将县旧监房重加修葺，添设教练所应用物品，开办经费约"需奉小洋六百三十九元六角二分"，但1922年度无教练所开办经费预算，又值冬防吃紧不便抽调警察，所以推展至1923年3月开办，20人为1班，6个月毕业，所长由知事兼任，职教各员由县署并警察所在职人员分别兼充，"教练课程除依部颁巡警教练所章程第三条各款及第四条第二条规定外，又以文牍须知、中日约章、户口调查法三科，均系警察应有知识，一律添授，计自十二年三月起至十五年十月止毕业五班，共九十一人"⑤。盖平县位于"辽宁省城西南计三百六十

① 李廷玉、傅疆撰：《奉天边务辑要》，沈云龙主编：《近代中国史料丛刊》续集第52辑，文海出版社1966年版，第85、89、95页。
② 王瑞之编辑：《辉南风土调查录》，《中国地方志集成·吉林府县志辑》第4册，凤凰出版社、上海书店、巴蜀书社2006年版，第26页。
③ 王介公修，于云峰纂：《安东县志》，成文出版社有限公司1974年影印本，第23页。
④ 王介公修，于云峰纂：《安东县志》，成文出版社有限公司1974年影印本，第512—513页。
⑤ 王介公修，于云峰纂：《安东县志》，成文出版社有限公司1974年影印本，第515页。

里""襟山带海、轮轨交通"①。抚松县1910年设治，位于辽宁全境东部，"距省城一千里"②。盖平与抚松两县警察群体教育水平有明显的差距，九一八事变前，抚松县全境在职公安警官40人，13人为行伍出身，占32.5%，而盖平县为14%。见表6-1、表6-2。

表6-1　1929年抚松县全境公安现任职员一览表

职别	姓名	籍贯	出身
公安局长	杜九文	辽宁义县	东三省陆军讲武堂及分摊警务学堂毕业
总务课长	陈其忱	辽宁锦县	军官团毕业
行政兼司法课长	辛学文	辽宁临江县	辽宁警官讲习所传习所毕业
勤务督察员	吕桂林	辽宁义县	行伍
勤务督察员	杜九珍	辽宁义县	行伍
总务课员	于维宗	辽宁通化县	通化县初级中学毕业
总务课员	石铸良	辽宁义县	行伍
行政课员	尹德昇	山东日照	山东县立高等小学毕业
司法课员	李甲庭	辽宁庄河县	庄河县高等小学毕业
第一区分局长	于维航	辽宁通化县	辽宁警官讲习所毕业
第二区分局长	崔笑鲁	河北乐亭县	警察教练所毕业
第三区分局长	温瑞英	辽宁凤城县	警察教练分所毕业
第四区分局长	江蕴奇	辽宁宽甸县	辽宁高等警务学堂毕业
第五区分局长	胡锦堂	辽宁兴京县	右路巡防□□学堂毕业
第六区分局长	张培福	辽宁柳河县	辽宁警官讲习所毕业
第七区分局长	周振先	辽宁抚松县	辽宁警官讲习所毕业
第一区分局局员	岳长久	辽宁义县	义县高等小学毕业
第一区分局局员	宋印久	辽宁宽甸县	通化县高等小学毕业

① 石秀峰修，王郁云纂：《盖平县志》，成文出版社有限公司1974年影印本，第65、67页。
② 张元俊修，车焕文纂：《抚松县志》，成文出版社有限公司1974年影印本，第27页。

续表

职别	姓名	籍贯	出身
第一区永安里分所长	时宝鑫	辽宁抚松县	军官教育班毕业
第一区南炮台分所长	胡　永	辽宁沈阳县	行伍
第一区大西门分所长	于平章	辽宁宽甸县	高等小学毕业
第一区北门分所长	韩光宇	辽宁沈阳县	省立中学毕业
第一区东门分所长	申天纵	辽宁法库县	法库法立师范及奉天税务讲习所毕业
第一区小南门分所长	葛宪章	辽宁宽甸县	抚松县高等小学毕业
第一区大南门分所长	张玉浩	辽宁凤城县	警察教练分所毕业
第二区分局局员	唐文仲	辽宁临江县	警察教练分所毕业
第二区分局局员	王宝胜	河北清河县	清河县高等小学毕业
第二区海青镇分所长	杜凯忱	辽宁义县	行伍
第二区西南岔分所长	王锡忱	辽宁辑安县	行伍
第三区分局局员	李毓谦	山东海阳县	行伍
第三区分局局员	张德英	山东日照县	日照县立高等小学毕业
第三区贝水滩分所长	邹　礼	吉林桦甸县	行伍
第四区分局局员	张守疆	辽宁海龙县	行伍
第四区分局局员	李明轩	辽宁金县	警察教练分所毕业
第五区分局局员	赵兰亭	山东东平县	行伍
第五区分局局员	高元英	山东临沂县	临江县高等小学毕业
第六区分局局员	阎华圃	辽宁临江县	行伍
第六区分局局员	张育生	山东荣成县	行伍
第七区分局局员	马绍波	辽宁抚松县	抚松县高等小学校毕业
第七区分局局员	李辅升	河北宁河县	行伍

资料来源：张元俊、车焕文纂：《抚松县志》，成文出版社有限公司 1974 年影印本，第 298—302 页。

表6-2　1929年盖平县全县警官职名表

类别 职别	姓名	籍贯	出身
公安局长	高学本	盖平县	奉天保卫团员讲习所警官讲习所等处毕业
总务课长	刘福田	海城县	海城县警察教练所奉天警官讲习所等处毕业
行政课长	乌春林	盖平县	盖平县警察教练所毕业
司法课长	陆荫桐	盖平县	盖平县警察教练所农林学校农科等处毕业
总务课一等课员	孟昭魏	海城	盖平县警察教练所毕业
总务课一等科员	张永贵	盖平县	盖平县立小学校毕业
总务课二等科员	王永胜	海城县	海城县警察教练所毕业
行政科一等科员	朱存学	盖平县	盖平县公学校毕业
行政科二等科员	陶永兴	盖平县	盖平县立小学校毕业
司法课二等课员	冯世荣	盖平县	省立第三师范学校毕业
勤务督察员	王叔廷	盖平县	奉天省立第二工科高级中学校第一班奉天警官学校第一班等处毕业
勤务督察员	张鸿云	盖平县	奉天警官传习所警官讲习所等处毕业
卫生兼消防分队长	金国鉴	盖平县	盖平县立中学校毕业
警察队分队长	曹恩久	盖平县	行伍历充警甲差
警察队分队长	解世哲	盖平县	吉林省立甲种职业学校毕业
第一区分局分局长	林东垣	海城县	海城县立中学校奉天全省警官讲习所等处毕业
第一区分局局员	马尊九	山东	行伍历充警差
第一区分局第一分所长	郭安西	盖平县	盖平县警察教练所毕业
第一区分局第二分所长	王军凯	海城县	奉天警官补习所海城警察教练所毕业
第一区分局第三分所长	曾麟阁	盖平县	盖平县高等学校毕业
第一区分局第四分所长	曲仁田	盖平县	南满中学校毕业
第一区分局第五分所长	黄开荣	盖平县	行伍历充警察差
第一区分局第六分所长	修吉丰	盖平县	行伍历充警察差

类别 职别	姓名	籍贯	出身
第一区分局第七分所长	郑方辰	抚顺县	抚顺县立简易师范学校毕业
第一区分局第八分所长	辛镇华	双城县	双城县第二高级小学教练所等处毕业
第二区分局分局长	何永源	盖平县	奉天警官讲习所毕业
第二区分局局员	李鉴塘	盖平县	前清优附生
第二区分局第一分所长	邵永茂	盖平县	营口县实业中学校毕业
第三区分局分局长	王汉章	直隶唐山县	保定府警官传习所毕业
第三区分局局员	栾怀西	盖平县	盖平县立高等学校毕业
第三区分局第一分所长	韩丕祯	盖平县	盖平县立中学校毕业
第三区分局第二分所长	孙兆魁	盖平县	行伍历充警甲差
第三区分局第三分所长	王达廷	盖平县	奉天法政专门□学校示范学校本科警官讲习所等处毕业
第三区分局第四分所长	王作翰	盖平县	西丰县警察教练所毕业
第四区分局局长	何　鹏	盖平县	奉天警官学校第一班毕业
第四区分局局员	刘绪昌	盖平县	省立第二师范学校毕业
第四区分局第一分所长	秦家鼎	盖平县	奉天高等学校毕业
第五区分局分局长	宋恩铮	复县	复县中学，奉天全省警官讲习所第一版毕业
第五区分局局员	陶佑生	盖平县	盖平县初级小学校毕业
第五区分局第一分所长	王伟成	盖平县	盖平县警察教练所毕业
第六区分局局长	姜德山	盖平县	奉天警官传习所毕业
第六区分局局员	孙全开	盖平县	盖平县高等学校毕业
第六区分局第一分所长	韩焕章	盖平县	盖平县警察教练所毕业
第七区分局分局长	张哲修	盖平县	盖平县师范学校奉天警官学校传习所毕业
第七区分局局员	葛延萱	盖平县	盖平县小学校毕业
第七区分局第一分所长	王泰清	盖平县	行伍历充警差

职别 \ 类别	姓名	籍贯	出身
第八区分局分局长	孙世荣	盖平县	奉天警官传习所警官讲习所等处毕业
第八区分局局员	舒化春	盖平县	盖平高等学校毕业
第八区分局第一分所长	杨兴家	盖平县	行伍历充警甲差
教练所教练主任	赵作辛	盖平县	盖平师范奉天高等警务学校毕业

资料来源：石秀峰修，王郁云纂：《盖平县志》，成文出版社有限公司1974年影印本，第231-235页。

由此可见，县域政治程度较弱、经济水平不高都会影响警察教育开展，导致省内区域间警察教育程度不均衡。

其次，警察职务不同，其受教育水平区别较大。仍以抚松县为样本，由表6-3可以看到，侧重于行政职务的警察教育水平比较高，而侧重于缉捕职务的警察受教育水平很低，基本为行伍出身。

表6-3 1929辽宁全省公安第三十七大队（抚松县）现任职员一览表

职别	姓名	籍贯	出身
大队长	王永诚	辽宁义县	行伍
大队附	王金棠	河北武桥县	行伍
文牍员	曹焯	湖南长沙县	长郡中学毕业
会计员	朱绍明	辽宁义县	行伍
公安八二中队长	马献忱	辽宁抚松县	行伍
公安八三中队长	施宝胜	辽宁抚松县	行伍
公安八四中队长	牟福荣	吉林永吉县	行伍
八二中队一分队长	唐振东	辽宁辑安县	行伍
八二中队二分队长	于喜水	辽宁抚松县	行伍
八二中队三分队长	苑福龄	山东莒县	行伍
八三中队一分队长	滕选东	辽宁抚松县	行伍

职别	姓名	籍贯	出身
八三中队二分队长	顾春山	辽宁抚松县	行伍
八三中队三分队长	邢书府	辽宁抚松县	行伍
八四中队一分队长	王华堂	辽宁抚松县	通化县高等学校毕业
八四中队二分队长	王敬贤	辽宁凤城县	行伍
八四中队三分队长	李元德	辽宁抚松县	行伍
礮独立八队长	李长程	山东邹城县	行伍
八二中队庶务员	王述善	辽宁抚顺县	行伍
八三中队庶务员	马九口	北平天津县	行伍
八四中队庶务员	李文山	辽宁抚松县	行伍

资料来源：张元俊、车焕文纂：《抚松县志》，成文出版社有限公司 1974 年影印本，第 304—305 页。

综上所述，导致奉天省近代警察教育发展不平衡的因素很复杂，与各地政治、经济、文化发展水平相联系，也与县域主权者对警察教育的重视程度相关，还与不同职务性质分不开。因此，警察教育的划一发展需要中央政府的统一规划与推进，需要中央财政的大力支持。

二、为控制盗匪服务的倾向

警察教育是提升警察素质的主要途径。那么，为什么要提升警察素质？清末初建警察机构时，把警政与军政混同，随着对警察行政认识的深入，逐渐将警察行政与军队划分开来，将警察划归内政，"19世纪中后期，随着犯罪控制重要性的增长而转变为控制危险阶级，并进而转变为如今我们所认识的社会控制形式"[1]。因此，随着社会的进步，欲维持社会秩序，必须提高警察受教育水平，使之与社会发展同步。

---

[1] [美]埃德温·萨瑟兰、唐纳德·克雷西、戴维·卢肯比尔：《犯罪学原理》，吴宗宪等译，中国人民公安大学出版社 2009 年版，第 408 页。

就辽宁地区来讲，从清末到民初，盗匪问题一直困扰不堪，而盗匪问题的出现是社会各种因素的综合作用，为实现盗匪控制，警察不管是在预防还是缉捕等方面，都必须具有与时代相应的学识。清末奉天巡警总局指出，"奉省胡匪充斥，伏莽甚多，整顿警务实为急图，而办理巡警虽有成效，尚宜精益求精，以符保守治安之责"，总局员有见于此……养成巡官，"该学堂合各科收留学生一千名内外"。①营口警察厅厅长刘亥年认为，"地方治安惟警察是赖""召集全体警官次第考询""令各警官实行单独教授法，巡警等恪守警察范围，既可增进知识又能裨益前途"。②安东县知事关定保认为，"警察为内务行政要端，举凡保护公安、维持秩序以及推行其他行政，莫不惟警察是赖""安东系东南要区，与朝鲜只隔一江，商旅往来侨民杂居其事尤为繁难，充警士者措置对待需用学识之处，较他县为亟，莅任之始，将各区所巡官巡长先后调县分别考询，或缉捕有余不识文字或稍通文义程度低浅，全境马步警士共一百四十六名，详加考验能通文义者实居少数，受警察教练具有相当知识者更乏其人，遂将各区巡官长警严加整顿，筹设教练所"。③盖平县知事石秀峰认为，应提高警察长警程度，以杜绝盗匪，"以调查户口论，虽按时调查，但以长警之识字者无多，而警官真能了解户籍法认真将事者甚少，在调查时既虚应故事，而户口临时变动，如生死迁移等均默然视之，户口既然未清而性行不良及窝贼匪人者均无从清查，致强窃盗案不时发生"，故"从严取舍警官，非警察专门毕业者不用，巡长非高小毕业者不用，警士非诚文字者不用"，若如此，地方政容即为之一新。④

清末到民初，辽宁省警界及政界普遍认识到警察教育与盗匪控制有密切关系。因此，提高警察教育水平是时代的命题，不是某一当政者及某一区域

① 《整顿巡警之善》，《盛京时报》1907年1月17日第3版。
② 《刘厅长苦口婆心》，《盛京时报》1916年4月15日第4版。
③ 王介公修，于云峰纂：《安东县志》，成文出版社有限公司1974年影印本，第513页。
④ 《各县知事条陈地方利弊革兴革办法给奉天省长的呈文1928.8.18—9.15》，辽宁档案馆编：《奉系军阀档案史料汇编》第7册，江苏古籍出版社、香港地平线出版社1990年版，第376页。

的单独使命。

　　肖朗、施峥在研究中指出，中国近代高等警察教育长期实施"学科+术
科"的课程结构，早期术科的教学内容主要由军事训练组成，如各式体操、
队列训练和"战斗法"等。[①]如此，清末以降，从高等警察教育到初级警察
教育体系中，术科教育都占一定的比重。辽宁省警察初创时期条件有限，但
操练仍正常进行，并制定操练时刻表，如巡警总局总务课制定督操时刻表，
令各区遵照执行，即"（一）星期一日下午一点半钟，每分局正副巡弁二员
徒手佩刀到总局操演室，至二点半钟收操；（一）星期三日下午一点半钟每
分局巡弁一员带正巡长八名持枪到总局合操，至三点半钟收操；（一）星期
五下午一点半钟每分局巡弁一员巡长二名巡警三十名持枪到总局合操，至三
点半钟收操；（一）星期六日上午九点钟至十一点钟、下午一点半钟至三点
半钟各在本分局，官弁演说现行规则、各礼节，并擦洗军械；（一）每日上
午九点至十一点钟、下午一点半钟至三点半钟，各在本分局练习各礼节、操

奉天警察传习所学员操练武术空手进刀式图

（资料来源：《奉天全省警甲报告书》卷上，奉天作新社印刷局1925年。张研、孙燕京主编：《民
国史料丛刊》第198册，大象出版社2009年版，第35页。）

[①] 肖朗、施峥：《中国近代高等警察教育综论》，《浙江大学学报（人文社会科学版）》2007年第1期，
　　第127页。

法"①。有的巡警分局向无教室操场，如"一二局巡官宁唐两君现于该局各建讲堂、操场，并由总局内聘订数员以任教务用资，勤务之暇朝夕操练"②。有的教练所于毕业前加紧练习兵操。③民国时期，操练进一步正规化。警察的操练，除增强体质目的外，主要是为缉捕犯罪服务。

第二节　辽宁省警察教育的社会功能

学者指出，教育的社会功能表现在教育对其他社会子系统的作用，包括经济、政治、人口、文化等方面的作用。④培养人是教育的出发点，也是教育区别于其他社会活动的本质所在。教育对个体的作用是教育对社会起作用的基础和前提。从根本上讲，教育对社会的作用和影响主要通过培养人来实现。因此，教育的社会功能是教育的个体功能在社会结构中的衍生，是教育的派生功能，也称教育的工具功能。教育的社会功能可分为两个层面，即教育的直接社会功能与教育的间接社会功能。⑤也可称之为教育的社会变迁功能与教育的社会流动功能。⑥鉴于警察教育的特殊性，本节仅重点考察其政治功能、文化功能和社会流动功能。

一、政治功能

阶级社会中，教育的性质总是由一定的政治经济制度所决定的，政治经

---

① 《巡警总局督操定演时刻表》，《盛京时报》1908 年 1 月 24 日第 5 版。

② 《巡警分局之操练》，《盛京时报》1907 年 4 月 25 日第 5 版。

③ 《教练所添练兵操》，《盛京时报》1910 年 7 月 16 日第 5 版。

④ 施璐、马晓蓉、王靖晶主编：《教育学》，北京工业大学出版社 2017 年版，第 26 页。

⑤ 许文果：《教育学简明教程》，暨南大学出版社 2020 年版，第 24 页。

⑥ 廖顺学、高婧、方晓路主编：《教育学》，吉林文史出版社 2019 年版，第 51 页。

济制度制约教育的领导权、受教育权、教育目的、教育内容等，但教育对政治经济制度又有积极的反作用，即教育的政治功能。[①]辽宁警察教育政治功能主要体现在为巩固地方政权服务方面。清末民初，在原有社会控制体系衰败的情势下，辽宁地方政府遵循中央政府命令，在全省各府厅州县移建西方警察制度，办理巡警局，教育警员，对规复社会秩序起到较大作用，"警员多用本地绅董，各有巡警学堂养成巡捕"[②]，"各府州县派员专办，以挽颓风而安闾阎"[③]。绥中巡警弁目自"陶明府认真选录，设立警务学堂，修业考试合格方能委充，中古屯巡警区长吴邦安系毕业生，开办后颇著成效，如巨盗刘甸臣、王德胜抢劫该屯卢姓，于奉到县主命令后六小时内人赃并获，界内赌博禁之极严"[④]。警察教育提升警察素养，亦是对日本在辽宁进行警察势力渗透进行的抵制与抗争，政治功能尤其明显。段芝贵巡按使指出："中日杂居行将实行，则警察之责任愈重，欲求保护外人之完善，非实力整顿警察不可。"[⑤]1915年，知事沈国冕在警察事务所内创办日语传习所，选各警区、各保卫团粗通文义者，每区团各二人入所学习6个月，嗣"以学未完备展为一年，经费及教员薪金由县署及事务所筹拨，每生每月纳学费三元，毕业后遂裁撤"[⑥]。对警察进行专门日语教育和在警察教育课程中列入日语一门，其目的性不言而喻。

二、文化功能

教育的文化功能主要体现在教育对文化的传递、对文化的选择和对文化

---

① 史小力：《教育学》，江西高校出版社 2018 年版，第 80 页。
② 《划一警务之政策》，《盛京时报》1907 年 1 月 17 日第 3 版。
③ 《巡警进步》，《盛京时报》1906 年 12 月 8 日第 3 版。
④ 《警务大有起色》，《盛京时报》1907 年 1 月 12 日第 3 版。
⑤ 《教练所开办有期》，《盛京时报》1916 年 2 月 9 日第 6 版。
⑥ 沈国冕修，湖溪午、蔡运宸纂：《凤城县志》，《中国地方志集成·辽宁府县志辑》第 14 册，凤凰出版社、上海书店、巴蜀书社 2006 年版，第 46 页。

的发展上。①当代警察专门人才专业素质培养目标要求相应设置四个方面的课程，即自然科学基础课程，一般指基础数学、物理、化学等课程，有的专业也把生物、地理、天文作为自然科学的基础课程；警察科学基础课程，主要是指与公安保卫领域密切相关的法学和公安学两大类课程；警察技术专业课程，包括警察专业理论课、警察技术专业课和警察基本技能课；警察实践能力课程，指警察控制实际问题的能力，主要通过课程训练、实习、毕业实习等课程设置来培养。②近代辽宁警察教育的文化功能主要体现在对警察专业素养的培育上。课程设置侧重于警察科学基础课程、警察技术专业课程，毕业实习也得到认可并践行，在警务学堂、警察学校这类教育模式中体现明显，但对在职警察施行教育的过程中有时被忽略。警察专业素养教育的发展，对提升警察执政水平有重要意义。至1928年，岫岩县警察教练所毕业警士前后400余名，时人认为，将来"全境警士普受教育对于警察职务了然胸中，则程度自能高尚，应无野蛮之举动，不禁为岫岩警界祝之矣"。③开原县警察官群体经过各种类型教育，专业素养得到提升，见表6-4。

表6-4　奉天警官学校补习传习讲习及警官各班开原县籍者姓名一览表

类别	毕业年限	姓名
警官	第一班学员民国十七年毕业	张润达、刘天颖、秦斯举
警官讲习	第一班学员民国十五年毕业	李庆善、白景惠
	第三班学员民国十五年毕业	吴海泉、武殿英、关兴久
	第二班学员民国十五年毕业	庞国士、勾栢青
	第四班学员民国十六年毕业	关双恩、陈象书、迟宗琴、于绍谦、程星五、陈孟樵、杨学檪、李春浦

---

① 廖顺学、高婧、方晓路主编：《教育学》，吉林文史出版社2019年版，第57页。

② 刘祁宪：《公安教育学》，警官教育出版社1998年版，第203-204页。

③ 高乃济修，郝玉璞纂：《岫岩县志》，《中国地方志集成·辽宁府县志辑》第15册，凤凰出版社、上海书店、巴蜀书社2006年版，第291页。

续表

类别	毕业年限	姓名
警官传习	第八班学员民国十五年毕业	王升如、孙鸿志
	第七班学员民国十五年毕业	张润廷
	第六班学员民国十二年毕业	吴清泉
	第二班学员民国九年毕业	董用舒、刘兴武、刘庆恩
	第一班学员民国七年毕业	陈肃文、谭玉芳
	第四班学员民国十年毕业	武殿英
警官补习	第二班学员民国五年毕业	关夺奎、于锡藩、蔡国香、张我华、王多铁

资料来源：李毅修，王毓琪纂：《开原县志》，《中国地方志集成·辽宁府县志辑》第12册，凤凰出版社、上海书店、巴蜀书社2006年版，第221页。

在全国第一次警务会议上，内务部对其现有警察的素质给出了较为客观的评价："应募者之中多杂有被裁营兵与市井无赖，其中多无身之人，旧日沾染恶习已深，并不知有表率人民之重大责任，故于巡逻、守望时既无庄严之姿态足使人民敬畏，而于遇事时非放弃职守即鲁莽乖谬，以致奸民无所畏，而良民不知敬警察威信。"[1]

自然科学基础课程在近代辽宁警察教育中实施较晚。1909年，上海英法工部局巡捕房开始设指印间，指纹学正式传入我国。1913年，奥人佛郎谛克来华，在司法部开研究指纹会，是我国仿办指纹印之嚆矢。[2] 1914年，孙中山先在《批释加盖指纹之意义》一文中强调："欲防假伪，当以指模为证据。盖指模人人不同，终身不变，无论如何巧诈，终不能作伪也，此本党用指模之意见也。他日革命成功，全国人民，亦当以指棋为识别，以防假

---

[1]《注重巡警招募方法案》，内务部编：《内务部第一次警务会议汇编·第三篇·议决录》，全国图书馆文献缩微中心2016年版，第52页。

[2] 张澄志：《侦探学要旨》，商务印书馆1933年版，第34页。

伪，此至良之法也。"[1] 1916年12月16日，北洋政府训令各高检厅转令所属新监狱试办指纹，指出"指纹一事为个人识别最良之法，其用至广而与刑事政策尤有关系"[2]，并对如何办理给予指导，并"咨内务部交警察传习所演习"[3]。"沈阳等地的指纹室采用的是汉堡式分类系统。"[4]九一八事变前，奉天省会公安局已经建有化验室，收费化验，1929年"五六七八四个月共收化验费小洋一百八十元，连前存小洋四百三十二元二，共实存小洋六百一十二元"[5]。因资料所限，尚不能完全了解九一八事变前辽宁警察教育中的自然科学教育情况，但可知当时已经有所推行。

三、社会流动功能

社会流动过程中，个人所借助的条件也是多种多样的，但教育因素的影响力越来越大，这是种普遍的发展规律。[6]教育的社会流动功能，是指社会成员通过教育的培养、筛选和提高，能够在不同的社会区域、社会层次、职业岗位、科层组织之间转换、调整和变动，以充分发挥其个人的智慧才能，实现其人生价值。教育的社会流动功能按流向可分为横向流动功能与纵向流动功能。教育的社会横向流动功能，是指社会成员因受到教育和训练而提高了能力，可以根据社会需要，结合个人意愿与可能，更换其工作地点、单位等，做水平的流动，改变其环境而不提升其在社会阶层或科层结构中的地位，亦称水平流动。教育的纵向流动功能，是指社会成员因受教育的培养与筛选，能够在社会阶层、科层结构中做纵向的提升，包括职称晋升、职务升

---

① 《批释加盖指纹之意义》，孙中山：《国父全集》第4册，国民党中央委员会党史委员会编订1973年版，第119页。

② 《试办指纹法令（民国五年十二月十六日训令各高检厅第三九六号）》，《司法公报》1917第70期。

③ 《第二十七 关于指纹事项》，《司法公报》1917年第82期增刊。

④ 赵向欣主编：《中华指纹学》，群众出版社1997年版，第38页。

⑤ 《呈为报职局化验室存化验费小洋六百一十二元由》，辽宁省档案馆藏：《奉天省长公署档》，JC 010-01-030989。

⑥ 刘慧珍：《教育社会学》，辽宁教育出版社1988年版，第118页。

迁、薪酬提级等，以提高其社会地位及作用，亦称垂直流动。教育之所以具有社会流动功能，是因为通过教育可以提高人的学历、能力和人格，创造了能够流动的条件与可能。[1]

清末科举入仕之途中断，却没有使教育的社会流动功能丧失。新式教育为基层社会提供了一条更具多样性的选择之路，警察教育便是其中之一。

清末各省警察官多由行政官员、军事官员担任，普通警察则由军队士兵挑选而来，从警官到警士，具有专业警察知识的人很少，清政府也感觉警察教育的重要性，一面督饬全国建设警察教育机构，一面制定一系列法规，强调"从警学毕业生中录用、培养警官"[2]。如1907年，民政部制定《各等巡警学堂学生毕业录用暂行章程》[3]。1908年制定的《直省巡警道官制细则》中规定，各省巡警道警务公所之各科长科员"均以中外警务学堂毕业之学生及曾办警务得力人员"任用，巡警应"使毕业学生人才足用"，不得"概以旧有弁勇胥役人等改编充数"[4]。但是，"警由学出"只能是清末当政者的愿望和目标，警察人才匮乏使基层巡警队伍以行伍出身为主。

民国成立后，警察教育较晚清有所发展。警察专门学校毕业的人数逐渐增多，中央政府更加重视警学人才的任用，从警务处长到普通警察的任用都有一定的规制，均体现了警察教育在其任用升迁中的主导性，且成为向上流动的主要动力。

1917年，内务部咨各省地方警察机关，遇有荐任、委任警官缺出时应尽先将警察学校毕业人员遴选，按其资格录用。[5]1924年颁布的《警察官任用暂

① 廖顺学、高婧、方晓路主编：《教育学》，吉林文史出版社2019年版，第58页。
② 韩延龙主编：《中国近代警察制度》，中国人民公安大学出版社1993年版，第171页。
③ 主要内容：寻常巡警学堂本科毕业生，准以一二三鞯巡长记名补用；高等巡警学堂本科毕业生，准以七八九品警官记名补用；高等巡警学堂简易科毕业生准以一二三等巡官记名补用；各省巡警学堂成立后，不得录用别项人员等。转引自韩延龙主编：《中国近代警察制度》，中国人民公安大学出版社1993年版，第171-172页。
④ 《直省巡警道官制细则》，商务印书馆编译所编纂：《大清新法令（1901—1911）》点校本第7卷，商务印书馆2010年版，第191页。
⑤ 陈允文：《中国的警察》，商务印书馆1935年版，第67页。

行办法》，对荐任、委任警察官的资格做了详细规定，受警察教育情况为任用的关键因素。1928年，内政部公布适用于一般警察官吏任用的《警察官吏任用暂行条例》，指出"警察学校三年以上毕业者、法政学校三年以上毕业者、曾办警政或行政事务三年以上著有成绩者"为警察官的资格条件，但第三项等到"警官训练考试办法实行后，人员足敷任用时，即不适用"。[1]1929年公布的警务处处长任用条件指出具备以下条件者方可选任："国内外警察专门学校或警官高等学校三年以上毕业，曾任荐任以上警察官者；国内外大学或专门学校修习政治法律学三年以上毕业，并曾任荐任警官二年以上，确据警察学识与经验者；军官学校毕业曾任中校以上军职，并确具警察学识与经验者。"[2]同年，《辽宁省警察官吏任用暂行条例》出台，在警察官任用资格上主要以受教育程度高低选定任用级别[3]，具体可见表6-5。

表6-5　1928年海龙县警官职名表

类别 职别	姓名	次章	年岁	籍贯	出身	经历	到差年月
所长	高凤岐	鸣九	36	绥中	奉天政法学堂肄业	曾充书记官、少校厅官、行政股员、巡官、区官、总队长等	十七年六月
巡行教练员	魏凌殿	报亚	35	吴桥	警官讲习班毕业	曾充长警巡官股员区官	十六年五月
总务股员	魏鸿光	乃孚	28	海城	奉天警官传习所毕业	曾充书记长、卫生司法行政各股员	十七年六月
行政兼卫生股员	吴连泉	星海	30	抚顺	奉天警官学校毕业	曾充文牍员、中尉 附	十七年七月
司法股员	口颐威	玉瑙	31	海城	奉天警官讲习所	曾充书记、一等科员、总务股员、文牍兼会计	十七年七月

① 陈允文：《中国的警察》，商务印书馆1935年版，第70页。
② 陈允文：《中国的警察》，商务印书馆1935年版，第66—67页。
③ 《辽宁省警察官吏任用暂行条例1929.4.5》，辽宁省档案馆编：《奉系军阀档案史料汇编》第8册，江苏古籍出版社、香港地平线出版社1990年版，第291页。

类别\职别	姓名	次章	年岁	籍贯	出身	经历	到差年月
日语翻译员	刘宗庆	善亭	39	河间	奉天日语学校毕业	曾充队长科员	十六年三月
书记长	赵宝霖	葆麟	23	海龙	高等小学毕业	曾充雇员一等书记	十七年五月
第一区区官	刘齐林	峻峰	43	海龙	警官补习班毕业	曾充巡官区官	十六年五月
巡官	孙锡铨	迩三	36	海龙	警务学堂毕业	充巡官队长	十六年三月
第二区区官	卜兆濂	敬之	41	海龙	奉天警务学堂毕业	曾充教员书记	十七年五月
第三区区官	苏长青	秀山	35	海龙	警官补习班毕业	曾充巡官队长、巡官	十六年三月
巡官	赖永山	秀岩	38	海龙	警务	曾充长警等差	十六年八月
第四区区官	吴连元	继武	34	海龙	警官补习班毕业	曾充巡官	十六年十二月
第五区区官	高宝贤	锦堂	31	海龙	警官补习班毕业	曾充巡长、巡官	十六年三月
巡官	胡魁武	级三	34	东丰	高等小学毕业	曾充巡长、保长、代理区官	十六年八月
第六区区官	文 芳	佐龙	31	海龙	警官补习班毕业	长警巡官	十六年十二月
巡官	穆永山	峻峰	32	沈阳	奉天警察教练所毕业	巡长、巡官、侦探员、督察员	十七年二月
第七区区官	傅任国	权卫	36	海龙	警官补习毕业	巡长、巡官队长、区官、教练员	十七年一月
巡官	范先远	荣阁	36	海龙	警务	巡长、巡官	十七年七月
第七区磨盘山联合分所区官	徐万彝	凤元	36	海龙	警务	长警、巡长	十七年六月

类别\职别	姓名	次章	年岁	籍贯	出身	经历	到差年月
第八区代理区官	关魁武	绍堂	37	海龙	警官补习班毕业	曾充长警、巡官队长、教练所教员	十六年三月
第九区区官	傅鸿治	执卫	41	海龙	警官补习班毕业	长警、巡官、区官	十六年三月
巡官	周连仕	仲三	30	法库	警务	长警	十六年三月
第十区区官	张连城	荆山	50	金县	警官补习班毕业	区官、股员、署员	十六年一月
巡官	刘福田	一	37	东丰	警务	长警、代理区官	十七年六月
警察队队长	王德冀	绍庭	41	海龙	奉天讲武堂毕业	长警巡官	十四年十二月
一分队队长	张继新	濬川	40	海龙	警察法教练所毕业	巡官、保甲教练所兼稽查员	十七年一月
二分队队长	李玉峰	嵩山	40	海龙	行伍	巡官、保长、队长	十四年二月

资料来源：王永恩修，王春鹏纂：《海龙县志》，《中国地方志集成·吉林府县志辑》第 6 册，凤凰出版社、上海书店、巴蜀书社 2006 年版，第 242 页。该表注明为 1928 年 3 月份月报表，但到职年月一栏内有 1928 年 3 月后到职者，此处存疑。

从清末到民国，中国的警察制度由粗疏到精密，广大的警学群体扮演了重要角色，也是具有专业警学知识出身者在职业上的黄金时期，其向上流动具有制度上的保障。奉天省的警察群体在职业内部流动时也体现了这一特征。

从海龙县的警官群体可以看出，教育在其任职中占有的主导地位，单纯的行伍出身越来越不易晋升。1927年的通化县警官职名表所列情况亦如此，从所长区官到巡记分所长，绝大多数具有接受专业警校教育背景，说明教育出身备受重视，在职务升迁中成为主要考核因素。[①]西丰县警察教练所"乃为未受警察教育之警士而设，三个月毕业后习站岗巡逻各职务然后回原差，遇

---

① 李春雨修，邵芳龄纂：《通化县志》，《中国地方志集成·吉林府县志辑》第 4 册，凤凰出版社、上海书店、巴蜀书社 2006 年版，第 514—515 页。

缺以此类毕业者尽先派充"①。

　　警察教育出身在警察向社会上流动中越来越重要。一方面，使普通警察或具有充任警察意向者主动接受教育，推动警察教育的发展壮大；另一方面，警察素质逐渐提升，符合近代社会发展对警察职能的需求，从而保障社会变迁的顺利进行。

---

① 希廉、周作霖等纂修：《西丰县志》，《中国地方志集成·辽宁府县志辑》第12册，凤凰出版社、上海书店、巴蜀书社2006年版，第536页。

附 录

日伪时期东北警察的训化教育①

九一八事变后，日本侵略者积极炮制伪满洲国，利用奴化教育将殖民意志向东北大地渗透。东北警察教育是奴化教育的特殊组成部分，独立于社会教育体系。1932—1945年间，日伪政府在新京（长春）成立中央警察学校，各省和特别市设地方警察学校，各县设警察训练所，分别教养不同层次、不同级别的警察职员。这种三级警察教育体系为日本殖民者培养了大量的警务人才。这些警察不但接受日本殖民统治，且为日伪政权服务，成为日本侵略者控制东北社会的重要工具。关于东北地区日伪警察的研究已有部分著作和论文问世，一般以警察制度、警察罪行为主要，而警察教育少有问津。② 民

---

① 本文曾凝练核心内容，以《伪满洲国警察训化体系探析》为题，发表于《长白学刊》2018年第4期。

② 相关著作成果主要有：[日]福岛正明的伪《满洲警察界的全貌》（东北师范大学图书馆藏），[日]加藤丰隆的伪《满洲国警察小史》（松山：满蒙同胞援护会爱媛县支部，1970年），[日]幕内满雄的《满洲国警察外史》（东京：三一书房，1996年），吉林省公安厅公安史研究室、东北沦陷十四年史吉林编写组编译的《满洲国警察史》（长春人民印刷厂，1990年内部版），霍燎原、潘启贵著的《日伪宪兵与警察》（黑龙江人民出版社，1996年）等；论文成果主要有：肖炳龙的《伪哈尔滨警察厅概述》（《北方文物》1990年第1期），潘启贵和金书勤的《东北沦陷时期日伪宪兵和警察及罪恶举要》（《齐齐哈尔师范学院学报》1995年第5期），柳卫民的《中国近代警察教育立法之倒退——日本侵华时期沦陷区的警察教育立法》（《湖北警官学院学报》2012年第5期），周敏的《东北沦陷时期的伪满警察》（《北方文物》2015年第2期），胡庆祝的《"日满时期"东北地区的警察统治研究》（《兰台世界》2011年7月下旬）、《从东北沦陷时期的警察统治看日本的侵略野心》（《兰台世界》2013年9月上旬）。涉及警察教育的有：徐望宽的《伪满警察教育概要》（《闽政月刊》1937年第1卷第2期），赵新言的《九年来伪"满"的警察行政》（《东北》1940年第2卷第1期），王野平主编的《东北沦陷十四年教育史》（吉林教育出版社，1989年），东北地区文史资料中关于日伪警察与日伪警察教育的回忆和记述。

国学者赵新言曾指出，日伪政府推行警察奴化教育，培养忠诚的警察群体，"自倭寇的眼中看来，其任务是异常的重大。因为它是要以他们来作统治和宰割三千五百万的广大人民的工具"①。因此，考察日伪统治时期东北警察教育的施行历程，还原历史真相，具有重要的学术价值和现实意义。

一、高级警官训化所：中央警察学校

1932年3月，伪满洲国在新京成立，民政部内置警务司，管理伪满洲国一切警察事宜。此时的警察由接收原张学良政权时期各市县旗公安局的警察官、公安队和保安队队员而来，约有9万余人②，要将这部分人训化成日伪统治的忠实"警魂"，为日本侵华战争服务，警察教育势在必行。另外，东北地区此时警察群体的整体素质相对较差，有待提高，"警察官中巡官以上粗通文字，警长以下素养千差万别"③。由此，1932年6月，伪满政府颁布《中央警察学校官制》；12月，在新京正式成立中央警察学校。该校是伪满高级警官群体训化成长的摇篮，即"专门培训在职的警尉、警佐、警正等人中日语好、积极效忠日伪、有深造前途"的警官。④1944年6月，改为高等警察学校。⑤

中央警察学校隶属民政部，是最高级别的警察教育机构。全校由教务和庶务两个机构组成。教务设教养和练成两部分，教养担任学科及精神教育，练成担任军事教练、体育、武道。庶务担当学校的一般事务工作，下设会计

---

① 赵新言：《九年来伪"满"的警察行政》，《东北》，1940年第2卷第1期，第14页。
② 《伪满警察机构的建立》，中央档案馆、中国第二历史档案馆、吉林省社会科学院合编：《日本帝国主义侵华档案资料选编·伪满宪警统治》，中华书局1993年版，第453页。
③ 满洲国通信社编：《满洲国现势》康德2年，满洲国通信社昭和10年，第73页。
④ 谭珊：《伪舒兰县警务组织及其活动》，孙邦主编：《殖民政权》，吉林人民出版社1993年版，第341页。
⑤ 孙邦主编：《殖民政权》，吉林人民出版社1993年版，第484页。

掌管预算、修缮、金钱、物品出纳等业务。^①学校设校长、主事、教官和译官、助教、书记等职。^②校长在治安部时代由警务司长担任，归总务厅以后，由警务总局长兼任。校长平时不到校，只是在学员入校或毕业时才到校。主事以下是学校的专责职员。主事、学监负责指挥监督各科教官和助教工作。部长、教官负责指挥与监督各科助教及助手，责成对学员进行教育，此外，他们也担当本科和讲习科的教育科目。普通部长不担当普通科的教育科目。各科的助教、助手接受部长的指挥与命令，负责对所担当的学员进行教育，并监督学员的生活。考查学员后，由他们将学员的成绩，依优劣次序提交给部长。^③

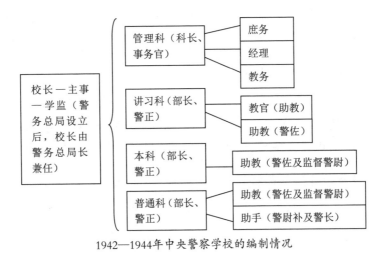

1942—1944年中央警察学校的编制情况

（资料来源：《登内三吉笔供》，中央档案馆、中国第二历史档案馆、吉林省社会科学院合编：《日本帝国主义侵华档案资料选编·伪满宪警统治》，中华书局1994年版，第483页。）

中央警察学校学科设置为驯化伪满警官群体服务，共三科，每科针对不

---

① 《中央警察学校官制》，1932年6月11日，《伪满洲国政府公报》第1册第13号，辽沈书社1990年影印本。1935年7月对其进行修正，设校长一人，主事一人，教授（原教官）六人，助教授（原助教）十八人，书记二人，译官二人，删除第八及第九条（《中央警察学校官制中修正之件》，1935年7月30日，《伪满洲国政府公报》第18册第415号，辽沈书社1990年影印本。）。

② 《登内三吉笔供》，中央档案馆、中国第二历史档案馆、吉林省社会科学院合编：《日本帝国主义侵华档案资料选编·伪满宪警统治》，中华书局1994年版，第483-484页。

③ 《登内三吉笔供》，中央档案馆、中国第二历史档案馆、吉林省社会科学院合编：《日本帝国主义侵华档案资料选编·伪满宪警统治》，中华书局1994年版，第483页。

同教育对象,功能略异。本科,是干部晋升前的教育[1],修业时限为一年[2],学习科目有学科和术科。学科包括训育、基础法令、行政法及自治大意、警察法、刑法及违警罚法、民商法大意、国际公法大意、经济学大意、思想问题、法医学、犯罪心理学、实务(警务、保安、司法、特务、外事、交通、户籍、消防、卫生)、会计、统计助长事务、常识;术科包括操练(含测图)、射击、马术、战术、通信筑营筑城之大意、点检、礼式、武道、体操、捕绳术、急救法。[3]别科(讲习科)是为提高警察官干部的能力而设置[4],修业期限和教授科目由校长制定,一般包括训育、法学大意、警察法、刑法总论各论、指纹法、即决犯、保安警察、卫生警察、特务警察、外事警察、司法手续、勤务要则、公文、满语、保甲指导、急救法;术科包括教练、马术、武道、捕绳术、检阅、礼式[5]。普通科是对日本人警察官的初级教育。此外,中央警察学校特别开设研究科,招收在中央警察学校本科毕业或具有同等学历的现职警察官,经所属长官推荐,由中央警察学校校长铨衡认为合格,并能自行负担研究费用者,准予入学。[6]研究科目为"警察行政及警察制度、刑事、特务、外事、交通、消防",研究期一般为六个月。[7]太平洋战争爆发后,日本一面将军事力量向前线集中,一面加紧掠夺东北沦陷区,为维持正常侵略秩序,不得不增强警察思想教育,提升警防能力,因此,三田正夫任校长期间,中央警察学校驯化伪满警察官的效率被提升,如本科生

[1]《登内三吉笔供》,中央档案馆、中国第二历史档案馆、吉林省社会科学院合编:《日本帝国主义侵华档案资料选编·伪满宪警统治》,中华书局1994年版,第483页。

[2]《中央警察学校规程》,1933年3月31日,《伪满洲国政府公报》第6册第113号,辽沈书社1990年影印本。

[3]《中央警察学校官制》,1932年6月11日,《伪满洲国政府公报》第1册第13号,辽沈书社1990年影印本。

[4]《登内三吉笔供》,中央档案馆、中国第二历史档案馆、吉林省社会科学院合编:《日本帝国主义侵华档案资料选编·伪满宪警统治》,中华书局1994年版,第483页。

[5]徐望霓:《伪满警察教育概要》,《闽政月刊》1937年第1卷第2期,第47页。

[6]王野平主编:《东北沦陷十四年教育史》,吉林教育出版社1989年版,第232页。

[7]《中央警察学校规程》,1933年3月31日,《伪满洲国政府公报》第6册第113号,辽沈书社1990年影印本。

修业期限缩短为3个月，每次400人；干部讲习每期1个月，每次100名，包括日本人和中国人；司法讲习每期1个月；特务讲习每期1个月。[①]

所有教学科目中，中央警察学校最重视训育，它是警察奴化教育的最直接表现，以解除思想武装、消除反日意识、培养忠诚为终极目标。这门课程一般由校长进行，"没有什么定型的教材，而是临时选定教材，如：即位诏书、回銮训民诏书、日满议定书等"，或者用训话的方式传递"日满协和""一心一德""日满不可分"等思想。[②]日本教授如主事、学监、部长、教官每月也对各科学员进行2—3次训示。[③]"科外讲演、实习和见学"[④]也是奴化教育的一个有效途径。如学校组织各期学员中成绩优异者去日本进行一次视察旅行，时间大约1个月到40天，伪满警员所到各地会受到"有礼貌的""亲切的"接待，同时"参观明治神宫、奈木神社博物馆以及他们的大工厂等"[⑤]，使伪满警员产生对日本文明的羡慕之情，诱发从器物到思想的转变，从而启发警员忠诚于天皇的思想。

中央警察学校各科学员的选拔条件和人数都有相应的规定，但校长具有一定的裁量权。三田正夫任职期间，具体操作如下：

本科生：阶级为监督警尉，由各省警务厅负责选拔。每省选拔的人数不同，平均5名左右，均为监督警尉中即将升为警佐的人。职别没有规定，根据各省的情况，由警务、特务、经济保安、司法、警防、保安等方面的警察平均搭配，四期400人，其中，中国人200名，日本人200名，特务警察80名左右。补习科生：阶级为警尉，由各省警务厅负责选拔，和本科生一样，各省

---

① 《藏田功揭发三田正夫》，中央档案馆、中国第二历史档案馆、吉林省社会科学院合编：《日本帝国主义侵华档案资料选编·伪满宪警统治》，中华书局1994年版，第487页。

② 杨峰：《伪满的警察教育》，孙邦主编：《殖民政权》，吉林人民出版社1993年版，第530页。

③ 《登内三吉笔供》，中央档案馆、中国第二历史档案馆、吉林省社会科学院合编：《日本帝国主义侵华档案资料选编·伪满宪警统治》，中华书局1994年版，第483页。

④ 《中央警察学校规程》，1933年3月31日，《伪满洲国政府公报》第6册113号，辽沈书社1990年影印本。

⑤ 杨峰：《伪满的警察教育》，孙邦主编：《殖民政权》，吉林人民出版社1993年版，第530页。

也有多少区别，每省每次平均10名，皆为1944年5月阶级改正时专为警尉补的
警察。对他们的职别，和本科生一样，没有具体的要求，两期400名，全部为
日本人，有特务关系的80名左右。干部讲习生：阶级为警正、县警务科长，
其中，日本人40名（2次），中国人20名（1次）。①各科警察学员成绩合格即
可毕业。1932—1937年，中央警察学校毕业本科生共7届1235人，别科生18届
2300人，练习科3届870名，合计4405人。②表1详细列出1993—1940年中央警
察学校每年各科毕业人数详情，可见其警察教育的盛况。

表1　1933—1940年伪满中央警察学校毕业生状况表

年度＼科别	普通科	本科	讲习科	总计（人）
1933	337	42		379
1934	73	314		387
1935	900			900
1936	517	542	265	1324
1937	473	337	605	1415
1938	177	258	2086	2521
1939	1522	130	712	2364
1940	1565	284	662	2511
合计	5564	1907	4330	11801

资料来源：张忠耀：《长春市志·公安志》，吉林人民出版社2000年版，第74页。

至日本败降时止，本科共办了26期，训练了6000多人，别科一共办了28
期，训练了近4000人。③其中，1934年3月，中央警察学校本科第二期毕业生

---

① 《三田正夫笔供》，中央档案馆、中国第二历史档案馆、吉林省社会科学院合编：《日本帝国主
　义侵华档案资料选编·伪满宪警统治》，中华书局1994年版，第485页。
② 张忠耀：《长春市志·公安志》，吉林人民出版社2000年版，第74页。
③ 杨峰：《伪满的警察教育》，孙邦主编：《殖民政权》，吉林人民出版社1993年版，第530页。

毕业，共106人，张时达、陈天喜和封永恩三人受到民政部大臣的奖赏。（见表2）

表2　中央警察学校第二期本科毕业生一览表

派遣区域	黑龙江省	奉天省	哈尔滨警察厅	兴安省	首都警察厅	北满特别区	吉林省	合计
姓名	张思达、所长文、刘殿甲、秦福绰、孙泰义、陶松山、刘世贞、于佐成、高春和、梁栋臣、王公绅、陶晋峰、	陈天喜、封永恩、李连仲、曹凤鸣、唐允泰、刘钟汉、盛广库、吕振芳、王家植、孙兴周、郭振华、张国祥、张苍愚、尹荆山、高泰然、李束凡、安来详、刘振强、于泽溥、苏奉璋、安庆春、陈鸣周、关忠义、周秋光、胡有邦、翁荣阁、邵钟铭、孙仲达、王庆福、宫文政、郭森、傅振铎、杨裕福、高玉璞、刘振亭	梅益耕、赵志春、伊学尹、张矩学、张北超、洪任谦、史化鸥、赵世臣、张绍周、王德舆、赵庚昌、张庆吉、李再白、金佩霖、吴作民	义德尔扎那、那须孟和、土布嘿斯土、我乐登阁、巴特、郭舆托布、阿木尔扎布、啊昌嘎、福森扎普、色旺扎布、	于泮滨、郗殿臣、刘平安、刘显启、赵学吉、傅明海、张子余、张子香	何荫昌	陶世文、王占傑、周振国、祝世卿、孔德启、李树森、周道康、苏文魁、靳连仲、朱文泉、吕显声、段希纯、孟文棋、苏魁祥、王兴德、王春和、王金州、徐永安、樊义林、赵启文、李英豪、隋长荣、高斌、王敏师	
人数（人）	12	36	15	10	8	1	24	106

资料来源：《中央警察学校第一期本科毕业生姓名及派遣区域席次》，1934年3月30日，《伪满洲国政府公报》第12册第21号，辽沈书社1990年影印本。

沦陷初期，奉天省与吉林省警察官学员比例相对较高，分别占总数的33.96%和22.64%，二省学员数之和过半。可见，日伪政权对奉吉二省警察群体的奴化教育十分重视，亦可推知奉吉两省反日势力较其他地区强劲，需要数量庞大的奴化警察协助日本侵略者进行社会控制。

中央警察学校附设警察官练习所，主要对新采用警士或受首都警察总监练习依托的现职警士"施以警察官必要之训育及教育"，学科主要有训育、法令、警察之要旨、服务、常识、助长事务，术科主要为操练、射击、马术、点检、礼式、武道、体操、捕绳术、救急法。入练习所的警士必须体格强健，志愿声请，填写履历和身份保证书，年龄要在18岁至30岁之间，在居住地满两年且"品行端方、思想坚实"[①]。

高等警察学校是针对伪满警察官进行再教育，依"日满一心""王道乐土""八纮一宇""大东亚共荣圈"等[②]对这些警察官洗脑，培养他们对日本帝国主义殖民者的忠心，在职务中最大发挥镇压东北人民反日运动的热情。同时，这些中央警校毕业的警察官，回到原籍后担任各级官员或警察学校教官，对基层警察群体进行亲日宣传，是日本殖民者对基层警察奴化的强有力工具。

二、基层警官奴化地：地方警察学校

伪满洲国成立之初，伪满政府便在奉天、吉林、黑龙江三省设警务厅，将原奉天、吉林、哈尔滨的警官高等学校改为警察官练习所，以迅速培养"亲日顺满"的基层警察官吏。1932年6月15日，奉天省举办了第一期警官讲习班。从省城各警察机关抽调警长以上官吏62名，在厅内讲习3个星期，由厅内职员兼任教官，讲授警察勤务及学术等科。同年8月1日，警务厅筹设奉天警察官练习所，并开始招生。警务厅长兼所长，警务科长兼教务长，配置教官5名，助教2名，事务员、雇员若干名。9月1日正式开学，学期3个月。[③]（见表3）

---

① 《中央警察学校附属警官练习所规程》，1933年3月31日，《伪满洲国政府公报》，第6册第113号，辽沈书社1990年影印本。

② 《藏田功揭发三田正夫》，中央档案馆、中国第二历史档案馆、吉林省社会科学院合编：《日本帝国主义侵华档案资料选编·伪满宪警统治》，中华书局1994年版，第486页。

③ 辽宁省地方志编纂委员会办公室：《辽宁省志·公安志》，辽宁科学技术出版社1999年版，第28-29页。

表3　奉天省警官练习所招生情况一览表

期别\类别	第一期	第二期	第三期	第四期	第五期	第六期	第七期	第八期
时间	3个月（大同元年九月至十一月二十日）					大同二年十一月二日至三年二月七日	康德元年三月十二日至六月二十三日	康德元年七月七日九月二十九日
入学人数	50	51	126	114	119	104	115	162
卒业人数	49	51	126	114		104	115	162

资料来源：满洲国通信社编：《满洲国现势》康德2年，满洲国通信社昭和10年，第255页。

　　至康德三年（1936年）共设新京、奉天、吉林、哈尔滨、齐齐哈尔、承德、安东七个所。[①]

　　随着日伪政权对东北基层社会控制的稳固，1934年10月以后，伪满政府进行地方行政组织改革，推行新省公署官制，废除原来的奉天、吉林、黑龙江及热河四省，除兴安省外，新设奉天、吉林、滨江、龙江、锦州、安东、热河、三江、间岛、黑河十省，到1939年，更设至18省之数。[②]1935年7月，伪满民政部公布《地方警察学校官制》，在省长管理下"施与警察官吏所必要之教养及训练"[③]，据此，各省警察官练习所改为地方警察学校[④]，如奉天省警察官练习所改为伪奉天省地方警察学校；哈尔滨、齐齐哈尔警察官练习所改称地方警察学校；同时在三江省佳木斯、黑河省黑河设立新地方警察学校；1937年新设牡丹江省，

① 国务院総务厅统计处编：《满洲帝国年报》第3次，国务院総务厅统计处昭和10年，第98页。
② 中央档案馆、中国第二历史档案馆、吉林省社会科学院合编：《日本帝国主义侵华档案资料选编伪满傀儡政权》，中华书局1994年版，第442、488页。
③ 《地方警察学校官制》，1935年7月30日，《伪满洲国政府公报》第18册第415号，辽沈书社1990年影印本。
④ 马恕知、史乃征：《伪奉天省警察学校》，孙邦主编：《殖民政权》，吉林人民出版社1993年版，第532页。该文中称1933年成立奉天省地方警察学校应为1935年。

同时设牡丹江地方警察学校。1939年新设东安和北安省，同时设地方警察学校。自1939年3月，伴随警察官制的修改，把从前冠以所在地的校名改为冠以省名的校名。[①]（见表4）

表4　1939年东北各省地方警察学校一览表

名称	所在地	名称	所在地
新京地方警察学校	新京	间岛省地方警察学校	延吉街
吉林省地方警察学校	吉林市	通化省地方警察学校	通化
龙江省地方警察学校	齐齐哈尔市	安东省地方警察学校	安东市
北安省地方警察学校	北安街	奉天省地方警察学校	奉天市
黑河省地方警察学校	黑河市	锦州省地方警察学校	锦州市
三江省地方警察学校	佳木斯市	热河省地方警察学校	承德
东安省地方警察学校	东安街	兴安西省地方警察学校	大板上
牡丹江省地方警察学校	牡丹江市	兴安南省地方警察学校	王爷庙
牡丹江省横道河子地方警察学校	横道河子	兴安东省地方警察学校	扎兰屯
滨江省地方警察学校	哈尔滨市	兴安北省地方警察学校	海拉尔

资料来源：大同印書館編集部編：《满洲警察行政管辖区域便览》，大同印書館1939年版，第13页。

地方警察学校直属于省警务厅，设校长、主事、教官、助教、书记和翻译官等职。校长以省署警务厅长或首都警察厅警务科长充任；主事由校长在教官中指定，承校长命令，执掌事务。[②]例如，奉天省地方警察学校设主事1人（日本人，及教育长、参事官或事务官，警正级），设学监2人（日、"满"各1人，警正级），下设教官（警正、警佐，监督警尉级）30余人（日、"满"人各半数），助教（事务警尉、警尉补）20余人，助手雇员、打字员十余人。[③]

[①] 黑龙江省地方志编纂委员会：《黑龙江省志·公安志》，黑龙江人民出版社2001年版，第99页。

[②] 徐望霓：《伪满警察教育概要》，《闽政月刊》1937年第1卷第2期，第46页。

[③] 马恕知、史乃征：《伪奉天省警察学校》，孙邦主编：《殖民政权》，吉林人民出版社1993年版，第533页。

　　各地方警察学校是日伪警察奴化教育体系的重要组成部分，担负基层警察官群体的驯化任务，招生具有一定的程序和要求。如奉天省地方警察学校的学员由新招收和在职两种组成，每年要举行两到三届新生考试，临时成立招生委员会，分若干组到各市县招考新生。入学后服装、食宿一切待遇免费。资格按招考科别不同，要求文化程度不一，如2部生警长班，必须是初中以上毕业；1部生警士班，必须是高小以上毕业或同等学历；警尉候补生班，必须是高中毕业或国高毕业者。经过身体检查、学科考试、口试合格者，择优录取。[1]安东地方警校招募社会闲散人员中适龄青年为学警，招收时对学员们的条件进行严格审查，"首先是考察所谓思想纯洁与否，唯恐有反满抗日的人入校，学历规定必须是国高学校毕业，和有同等学历者才能报考，对身体面貌也有要求，经过身体检查，最后才施行政治、语文、数学和常识等文科考试"。合格者以普通班的名义在校训练6个月，毕业后均任命为警士。[2]

　　地方警察学校课程设置也分三科，即普通科、高等科（本科）、讲习科。普通科是招收一般失业青年，训练期为6个月到10个月不等，毕业后分发各县任警长、警尉补。学习科目有训育、户口调查、违警罚法、刑法、警察勤务及其他有关警察法令和军事训练等。[3]高等科以培养高级警官为对象，由市县抽考信任监督警尉者，在校学习6个月，毕业时优秀者留校任教，其余回原单位，逐步考升警佐、警正。[4]讲习班分别召集各县市的现职人员，依照职务的需要，做各科专门的业务教育。如司法讲习、特务讲习、指纹讲习、外勤讲习，等等，讲习期为3个月到6个月不等。[5]奉天省地方警察学校还设有特种讲习科，即日语讲习科，以现职警察为主，多少有日语基础，入校学习深

① 马恕知、史乃征：《伪奉天省警察学校》，孙邦主编：《殖民政权》，吉林人民出版社1993年版，第533页。
② 修玉麟：《伪安东地方警察学校》，孙邦主编：《殖民政权》，吉林人民出版社1993年版，第538页。
③ 杨峰：《伪满的警察教育》，孙邦主编：《殖民政权》，吉林人民出版社1993年版，第531页。
④ 马恕知、史乃征：《伪奉天省警察学校》，孙邦主编：《殖民政权》，吉林人民出版社1993年版，第533页。
⑤ 杨峰：《伪满的警察教育》，孙邦主编：《殖民政权》，吉林人民出版社1993年版，第531页。

造6个月，毕业后达到3等翻译程度，分派各市县；鉴识讲习班，现职做指纹照相的，来校深造3个月，毕业分送原单位，每3个月为1期；警备队训练班和消防训练班，均由各市县选送现任警士来校专业学习3个月，毕业分配原单位警备队和消防署。[①]安东地方警察学校编有经济班、特务班、司法班，等等，训期为1个月，毕业后可提升为警长。[②]

地方警察学校学生以初次任职者为主，其课程均为初级警察教育。课目学科方面有警务（教养、督察、调查户口、派出所工作、巡逻、值班）、刑事（犯罪的种类、搜查逮捕的要领）、经济保安（统制法规、管理物价、物资及实施的要领）、保安（管理营业许可、交通、爆炸物的管理及要领）、警防（防空业务的要领）、卫生（防疫卫生及要领）、特务（特务犯的种类、初步情报视察要领等）、技术科，另除实施警察点检、捕绳术及军事训练外，还按照警察纲领进行了教育。[③]

奉天省警察学校的术科从徒手教练基本动作开始到持枪教练，由班教练逐步到营教练止。此外，还设有点检、马术、剑道、柔道刺枪术、捕绳术、实弹射击、野外演习、紧急集合、夜行军等。每天有朝会，全校师生集合后举行向宫廷、东京遥拜，念警察纲领。每周星期一第一节课由主事训话。[④]吉林地方警察学校日系教官占三分之一，"每天午前学习六法全书和一点点文化课，午后是军训课，军训都是日系教员任教，有时还组织夜训。军训时法西斯式，极为残酷，除打骂外，时常训以长跑。每人肩扛长枪，全副武装，绕校舍周围（4公里）跑四圈，教官在一旁看手表，慢了就挨打"[⑤]。

① 马忽知、史乃征：《伪奉天省警察学校》，孙邦主编：《殖民政权》，吉林人民出版社1993年版，第533页。
② 修玉麟：《伪安东地方警察学校》，孙邦主编：《殖民政权》，吉林人民出版社1993年版，第538页。
③ 《三田正夫笔供》，中央档案馆、中国第二历史档案馆、吉林省社会科学院合编：《日本帝国主义侵华档案资料选编·伪满宪警统治》，中华书局1994年版，第485-486页。
④ 马忽知、史乃征：《伪奉天省警察学校》，孙邦主编：《殖民政权》，吉林人民出版社1993年版，第534页。
⑤ 谭珊：《伪舒兰县警务组织及其活动》，孙邦主编：《殖民政权》，吉林人民出版社1993年版，第341页。

地方警察学校通过教授警察基本知识，加强业务指导，将沦陷的普通青年改造成掌握社会控制方法的工具，如调查户口、收集情报、镇压反日革命活动等。同时强调精神训练，即"重视身心的锻炼，培养至诚奉公、质实刚健、坚忍不拔的警察人员"[1]。所以，日伪认为"只有从这个学校受训而毕业的人"，才够得上"王道乐土""皇帝陛下"的警察官。[2]1935年年底，日伪政权把旧的警察人员除了森林警察队还保留一部分之外，完全淘汰净尽，而代之以新的警察。[3]

地方警察学校培养了基层社会需用的庞大警察官群体，成为日伪政权控制基层社会的得力助手。如新京地方警察学校，1935—1937年招收普通科生4期共214人，讲习科生231人。[4]黑河地方警察学校1936年普通科培养100名，现任警士80名（各前后二回乃至三回分期讲习），高等科30名，讲习科40名（特务、司法各一回讲习）。[5]安东地方警察学校从1932年9月成立到1945年日本帝国主义者无条件投降为止，共培训了普通班和特殊短期训练的伪警察计3000人次。[6]（见表5）

表5 部分伪满地方警察学校毕业生统计表

科别	学校别 年份	龙江	北安	黑河	三江	东安	牡丹江	滨江	新京	合计（人）
普通	1932								99	99
	1933	49						69	862	980
	1934	143						567	1309	2019
	1935	186		66				69	1194	1515

---

[1] 王野平主编：《东北沦陷十四年教育史》，吉林教育出版社1989年版，第232页。

[2] 修玉麟：《伪安东地方警察学校》，孙邦主编：《殖民政权》，吉林人民出版社1993年版，第538页。

[3] 杨峰：《伪满的警察教育》，孙邦主编：《殖民政权》，吉林人民出版社1993年版，第531页。

[4] 张忠耀：《长春市志·公安志》，吉林人民出版社2000年版，第75页。

[5] 满洲国国务院总务厅情报处编：《省政汇览》第3辑，满洲国国务院总务厅情报处康德3年，第271页。

[6] 修玉麟：《伪安东地方警察学校》，孙邦主编：《殖民政权》，吉林人民出版社1993年版，第539页。

科别	学校别 年份	龙江	北安	黑河	三江	东安	牡丹江	滨江	新京	合计（人）
普通	1936	146		249	57			329	2551	3332
	1937	306		143	32			243	2732	3456
	1938	543		227	573		188	1241	8211	10983
	1939	530	170	483	938		208	1385	10182	13896
	1940	378	453	109	719	333	316	382	7830	10520
本科	1934								132	132
	1935				201			164	727	1092
	1936	82		23	266			149	1020	1540
	1937	84		15	140			247	1621	2107
	1938	87					23	176	1084	1370
	1939	134						100	910	1144
	1940	180	106	37	152		40	231	1761	2507
讲习科	1932								60	60
	1933								832	832
	1934	68							515	583
	1935	136		18				71	601	826
	1936	162		33	47			113	1491	1846
	1937	286		93	86			421	1801	2687
	1938	393		108	431		147	422	6516	8017
	1939	166		39	76		66	578	3216	4141
	1940	206	54	122	461	15	329	480	7028	8680
合计		4265	783	1765	4179	348	1317	7437	64285	84364

资料来源：黑龙江省地方志编纂委员会：《黑龙江省志·公安志》，黑龙江人民出版社2001年版，第102页。黑河警察学校毕业总人数原材料中为"2065"，实为"1765"。

三、基层警察教化地：县警察官训练所

东北沦陷后，伪满傀儡政权建立，原张学良时期的基层警察机构被接收，为消灭基层警察的抵抗情绪，扼杀反日思想，1934年春，伪满政府令基层各县成立警察官练习所，负责基层警察的培养教育，包括对新采用的警士或现任警士中的有发展前途者，进行警察官吏的基础教育，学习时间为4个月以上，"有特别事故时，得由县长呈准省长缩短"[①]。早在1932年，黑龙江地区县旗已开始设置警察官练习所，到1936年，全区70个县、3个旗中已有相当数量设立警察官练习所，1936年改为训练所。[②]1935年春，舒兰县警务局于县城西大楼开办警察官训练所，到1938年共举办了9期，培训新学警400余名。[③]

县警察官训练所的学习科目略同于地方警察学校[④]，分学科、术科、课外活动（讲演、实习）3种，学科包括训育、法学大意、警察法大意、刑罚法规、刑事诉讼法大意、警察实务（警务要则、书类报告及其他各种警察实务要旨）、语学、常识；术科，包括操练、检阅、礼式、武术、体操、捕绳术、急救法、射击、马术[⑤]。一般每期轮训30-50名。[⑥]训练所的招生条件与日本国内警察培训机构略同，即"年龄在十八岁以上三十岁以下者；身体强壮，品行端正，思维坚定者；高等小学毕业或有同等以上学历者；身长一米六以上者"[⑦]。如舒兰县警察官训练所，招考有文化的男性青年，主要学习六法全书（基本法、卫生法、刑事法、警察法、保安法、警察职务规范）和进

---

① 徐望霓：《伪满警察教育概要》，《闽政月刊》1937年第1卷第2期，第46页。
② 黑龙江省地方志编纂委员会：《黑龙江省志·公安志》，黑龙江人民出版社2001年版，第100页。
③ 谭珊：《伪舒兰县警务组织及其活动》，孙邦主编：《殖民政权》，吉林人民出版社1993年版，第339页。
④ 杨峰：《伪满的警察教育》，孙邦主编：《殖民政权》，吉林人民出版社1993年版，第531页。
⑤ 徐望霓：《伪满警察教育概要》，《闽政月刊》1937年第1卷第2期，第46页。
⑥ 黑龙江省地方志编纂委员会：《黑龙江省志·公安志》，黑龙江人民出版社2001年版，第99-100页。
⑦ 徐望霓：《伪满警察教育概要》，《闽政月刊》1937年第1卷第2期，第46页。

行术科操练，每期6个月，结业后为警士，分配到县内警察署。①

　　警察官训练所的所长由县警务局长充任，教官在警正、警佐或巡官中由局长选任②，一般由省警察官练习所卒业者中派遣③，必要时得设助手④。如龙江省，大同二年（1933年）八月第一次警务指导官配置以来，齐齐哈尔警察厅及各县已配置日系警察官121名。⑤（见表6）

表6　1935年吉林省、龙江省各县警务局长暨警察训练所长一览表

省名	县名	警务局长	省名	县名	警务局长
吉林省	永吉	王广兴	龙江省	龙江	鸿升
	舒兰	安泽溥		拜泉	卓而位
	德惠	杨耀栋		克山	李绍纯
	农安	金安和		洮南	许越衡
	长岭	洪普海		洮安	李树田
	长春	不详		讷河	孙云升
	双阳	荣森		泰来	侯铭
	伊通	关玉升		龙镇	马幼丞
	磐石	宣文诰		镇东	陈卿
	桦甸	李子常		开通	赵力田
	敦化	丁文恺		克东	蒋庆轩
	额穆	关钟瑚		大赉	江永愁
	榆树	李国田		明水	周作斌
	扶余	荣文会		依安	魏廷寅

---

① 谭珊：《伪舒兰县警务组织及其活动》，孙邦主编：《殖民政权》，吉林人民出版社1993年版，第340页。

② 徐望霓：《伪满警察教育概要》，《闽政月刊》1937年第1卷第2期，第46页。

③ 满洲国国务院总务厅情报处编：《省政汇览》第2辑，满洲国国务院总务厅情报处康德2年，第297页。

④ 徐望霓：《伪满警察教育概要》，《闽政月刊》1937年第1卷第2期，第46页。

⑤ 满洲国国务院总务厅情报处编：《省政汇览》第2辑，满洲国国务院总务厅情报处康德2年，第297页。

续表

省名	县名	警务局长	省名	县名	警务局长
吉林省	乾安	赵运群	龙江省	通北	孙寿先
	九台	关守义		林甸	巴彦阿
	怀德	马金凯		景星	吕品吾
龙江省	突泉	王青山		富裕	董兰亭
	嫩江	郭震寰		甘南	兰廷桢
	德都	董祥霖		泰康	崔忠升
	安广	郑锡三		瞻榆	翟福魁

资料来源：满洲国通信社编：《满洲国现势》康德2年，满洲国通信社昭和10年，第32、42页。

　　县警察官训练所主要招收地方上失业青年[1]，许以丰厚的薪津："除月俸（工资）之外，都由官方发给警察服，有棉、有单，还发给衬衣、衬裤、鞋帽和手套等，都是免费供给。还有6种津贴：一是家族津贴，警察家中每口人每月1元；二是冬季津贴，每年30元；三是职务津贴，警尉以上的每月5元；四是精勤津贴，凡警尉补以下的警察，每年评一次精勤（即公务好的），评上1次的，每月发给精勤津贴1元，被评上2次者，每月发给2元，评上三次者，每月发给3元；五是语学津贴，日语达三等者每月5元，二等者每月10元，一等者每月30元；六是勤务地津贴，离家在外地当警察，每月5元。此外，还有'赏与'（奖金），每年2次：6月末1次，按本人月俸额，少则赏与1个月的，多则赏与3个月的。"[2]毕业后于警察厅或警察署服务6个月以上，为实务教育时期，其中，有升警长者，有仍为警士者，更就其中挑选最优秀者，予以升入地方警察学校之机会，以资深造。[3]金钱与仕途的利诱，吸引沦陷区的广大青年投身伪满警察队伍，为日伪殖民政权服务。

---

① 杨峰：《伪满的警察教育》，孙邦主编：《殖民政权》，吉林人民出版社1993年版，第531页。

② 谭珊：《伪舒兰县警务组织及其活动》，孙邦主编：《殖民政权》，吉林人民出版社1993年版，第341—342页。

③ 徐望霓：《伪满警察教育概要》，《闽政月刊》1937年第1卷第2期，第46页。

县警察官训练所是日伪警察奴化教育体系的最底端，不是正规的学校教育，但接受教化的警察是日伪侵略政策的直接执行者，教化的效果影响日本侵华政策能否顺利推行，因此，受到日伪政权的高度重视。1938年10月1日，日伪政权宣布废止县旗警察官训练所，凡地方警察官教育统由各省地方警察学校负责，但运行1年后，由于满足不了庞大的地方警察培训和教育需求，又于1939年12月以伪满治安部第90号训令再次公布《有关县旗警察官教习所设置件》，令各省设置县旗警察官练习所，致力于现职未受教育警察官的教育工作。①

四、日伪东北警察奴化教育的殖民服务性

日伪时期，东北警察教育体系以三级教育体制为主，从中央到基层，从警官到警士，编织成一张经纬分明的教育网。各级警察官经过中央警察学校和地方警察学校的驯化，以忠日、共荣为己任，向基层警士传达日本统治下的亡国奴生存理念。基层日伪警察经过训练所教化后，忠心日伪政权，勤务杰出者可到上级警察学校深造。如此，警察奴化教育体系内部形成上下间的双向流动，为日伪政权培养源源不断的统治工具。各级警察忠实执行日伪的侵略政策，对民众开展政治、经济、思想文化等方面活动的监管，镇压民众相关的一切抗日活动，这类史事资料不胜枚举。太平洋战争爆发后，"进一步强化镇压体制，不仅加强武装警察，在全国范围内设置警察警备队，还对一般行政警察加强部队训练和战斗训练，并充实其装备"②。"警察的权势渗透到了各个领域。"③民国学者赵新言的一段描述贴切、中肯，深刻指出日伪警察教育的后果：

日本给与东北民众的苦痛是"各式各样"的，一般民众所直接身受的是

① 黑龙江省地方志编纂委员会：《黑龙江省志·公安志》，黑龙江人民出版社2001年版，第100页。
② 《警察战时体制的强化》，中央档案馆、中国第二历史档案馆、吉林省社会科学院合编：《日本帝国主义侵华档案资料选编·伪满宪警统治》，中华书局1994年版，第473页。
③ 靳恩全、张雅莹主编：《日本帝国主义侵略辽北罪行录》，中共铁岭市党委研究室1995年版，第68页。

"警察苦痛"，"治安警察，配合着伪军，日日在讨伐、扫荡我们武装反抗暴力的东北民众组织的义勇军，使反抗的东北民众，减杀其发舒愤恨和解除苦痛的机会……行政警察，今日调查户口，登记财产状况，明日征工拉夫，勒索租税以外的各种倾家荡产的捐款；今日考察思想，侦查行动，明日逮捕杀戮，拘留监禁，使一般东北民众生活无依，坐卧不安……经济警察，以各统制法令为护符，欺商病民，所给与商民的苦痛尤大"。[①]

当时东北农民以小唱来反映警察为统治工具的残暴日伪政权，"九一八事变，民国二十年，锦绣的东北日本来侵占，小家底眼看就要完。门牌钉的紧，户户要调查，十家连坐安上警察，保甲费全部一齐纳。满洲狗官们，丧心病狂了，鬼子杀人他们当向导，遍地狼烟大火烧。……年景大荒乱，人民过贱年，吃穿不够还纳大租钱，活倒霉捐税又增添。坚壁又清野，强迫归大屯。扔下家业全部进阴城，城关上下鬼把门。实行挑兵制，抓走青年人，全家老少落尽囚牢中，眼睁睁无处逃生"。[②]

接受日伪警察学校驯化的满系警察官吏，除了给普通百姓造成重大伤害，还是日本侵略者残害东北地区中共革命者的重要工具。如1937年屠杀了柳河县委组织部长郭喜明，游击队长车东青、陈仲山，工作员崔洋焕、杨玉林、杨景阳，红军第五团副官处长侯德青等18人。[③]甚至在日本宣布投降后，部分警察学生仍在为日伪服务。如沈阳市伪满警察学校教官齐觉生，将所教的那班警察学生组织起来，编为"铁血锄奸团"，专门暗杀中共地方干部，而且扮成八路军，杀害某些资本家，嫁祸于中共，破坏党的政治影响。[④]

---

① 赵新言：《九年来伪"满"的警察行政》，《东北》1940年第2卷第1期，第9页。
② 黑龙江社会科学院地方党史研究所：《中共东北地方党史资料访问录选编·周保中同志专辑》，1980年内部出版，第203-204页。
③ 《长岛玉次郎笔供》，中央档案馆、中国第二历史档案馆、吉林省社会科学院合编：《日本帝国主义侵华档案资料选编·伪满宪警统治》，中华书局1994年版，第164页。
④ 杨之槐：《风雨进行曲：东北公安创业纵横录（1945.8—1954.8）》，群众出版社2000年版，第22页。

日本侵略者利用伪满政权对东北警察推行警官到警士的全方位奴化教育，千方百计利用警察控制基层社会，将警察职能军事化，为日本侵华战争服务。但是，中国人民反日斗争的火种是永远不会熄灭的。东北中共党组织主张对"伪满军警以至职员都可鼓舞导引，使其结成团体倒戈，抗日救国雪耻"①。在伪满的警察群体中，有一些人接受民族大义、反满抗日的宣传，走上革命道路。吉东省委领导下的地方群众组织中有"伪满军警革命兵士抗日救国会"②旺清县永别硝子警察队警长（姓名不详）以及鸡冠硝子自卫团团长与东北人民革命军第二军第二师第三团团长方振声为结拜盟兄弟，经常在约定地点，佯装与匪贼交战，将大量弹药计入消耗，卖给方振声部队。③ 1936年8月7日，桦甸县五区大蒲柴河警察署16名满警投靠吴义成部队，携带"捷克式轻机枪三挺、步枪十九支、手枪一支、弹药四千七百三十四发"④。

总之，东北沦陷期间日伪政权逐步建立了完善的三级警察教育体系，实行奴化教育，利用中国警察实现社会控制，镇压中国共产党领导的抗日活动，为日本侵华战争服务。

---

① 《第二路军总指挥周保中关于收集日军情报问题给彦升的信》（一九四一年五月三日），吉林省档案馆、中共吉林省委党史研究室编：《周保中抗日救国文集》下册，吉林大学出版社1996年版，第389页。

② 《问题答复》（一九四一年一月二日），吉林省档案馆、中共吉林省委党史研究室编：《周保中抗日救国文集》下册，吉林大学出版社1996年版，第305页。

③ 《关于东北抗日联军的资料》，中国社会科学院近代史研究所中华民国研究室编：《中华民国史料丛稿》译稿，中华书局1978年版，第152-153页。

④ 《关于东北抗日联军的资料》，中国社会科学院近代史研究所中华民国研究室编：《中华民国史料丛稿》译稿，中华书局1978年版，第183页。

附　表

附表1　1929年各省市警士教练所设置一览表

省市名称	所数	教职员人数	经费数目	毕业人数	现受训练人数
辽宁	49	229	66811	14240	1180
山西	1	17	14760	3640	
山东	19	98	7540	458	780
吉林	6	50	23415	550	260
浙江	1	61	149400	500	700
江苏	1	35	48372	664	228
广东	1		171756	2400	800
热河	1		1280	160	40
甘肃	1		13304	2400	800
湖北	1		11960	340	80
宁夏	1		2520		30
江西	1			149	149
云南	1	16	96000	4376	
青岛	1			72	100
汉口	1			1000	
北平	1			578	170
首都	1	29	68292	2088	240
福建	1	21	12000	452	
威海卫	1				
安徽	3	11		578	40

省市名称	所数	教职员人数	经费数目	毕业人数	现受训练人数
陕西	1	9	14160	84	
青海	1			102	
绥远	2		5406	630	147
河北	101		167763	2232	1635
统计	198	576	874739	37693	7379

资料来源：陈允文：《中国的警察》，商务印书馆 1935 年版，第 93-95 页。

附表2　1991年东北三省警察院校统计表

省名	校名	校址	邮政编码	类别
辽宁省	辽宁省警官专科学校	大连市沙河口区刘家桥	116033	专科
	辽宁省公安司法管理干部学院	辽宁省沈阳市皇姑区长江街二段三里 1 号	110031	成人大专
	辽宁省人民警察学校	大连市沙河口区刘家桥	116033	中专
	沈阳市人民警察学校	辽宁省沈阳市东陵区前进乡文官屯	110045	中专
	大连市人民警察学校	辽宁省大连市甘井子区中沟	116031	中专
	鞍山市人民警察学校	辽宁省鞍山市铁石区解放路 5 号	114014	中专
	抚顺市人民警察学校	辽宁省抚顺市南洋路	113008	中专
	沈阳市公安干校	辽宁省沈阳市东陵区前进乡文官屯	110045	干校
	抚顺市公安干校	辽宁省抚顺市南洋路	113008	干校
	本溪市公安干校	辽宁省本溪市府路市公安局	117000	干校
	阜新市公安干校	辽宁省阜新市夕河区四合镇	123000	干校
	朝阳市公安干校	辽宁省朝阳市路三段 146 号	122000	干校
吉林省	吉林公安专科学校	吉林省长春市红旗街 61 号	130012	专科
	吉林省人民警察学校	吉林省吉林市江南警民路	132011	中专
	长春市人民警察学校	吉林省长春市南岭大街 80 号	130022	中专

续表

省名	校名	校址	邮政编码	类别
吉林省	吉林市人民警察学校	吉林省吉林市江南警民路	132011	中专
	延边自治州人民警察学校	吉林省延吉市北山街	133000	中专
	白城地区公安干校	吉林省白城市中兴西大路中青胡同1号	137000	干校
	辽源市公安干校	吉林省辽源市国康路99号	136200	干校
	通化市公安干校	吉林省通化市玉泉路148号	134001	干校
	浑江市公安干校	吉林省浑江市浑江大街	134300	干校
	吉林市公安干校	吉林省吉林市北京路51号	132011	干校
	四平市公安干校	吉林省四平市站前街南二马路10号	136000	干校
黑龙江省	黑龙江省人民警察学校	黑龙江省哈尔滨市南港区西大直街289号	150080	中专
	哈尔滨市人民警察学校	黑龙江省哈尔滨市道外区平原街15号	150027	中专
	齐齐哈尔市公安局职工中等专业学校	黑龙江省齐齐哈尔市昂昂溪区榆树屯	1610033	成人中专
	佳木斯人民警察职工中等专业学校	黑龙江省佳木斯市前进区光华路南	154007	成人中专
	鸡西市公安局职工中等专业学校	黑龙江省鸡西市鸡冠区警校路2号	158100	成人中专
	鹤岗市公安中等专业学校	黑龙江省鹤岗市兴山区	154105	成人中专
	黑河地区行署公安局职工中等专业学校	黑龙江省黑河市五肃街77号	164300	成人中专
	大兴安岭地区行署公安局中等专业学校	黑龙江省大兴安岭地区加格达奇区	165000	成人中专
	松花江行署公安局职工中等专业学校	黑龙江省阿城市牌路大街48号	150300	成人中专
	黑龙江省公安干部学校	黑龙江省哈尔滨市南港区西大直街289号	150080	干校
	齐齐哈尔市公安干部学校	黑龙江省齐齐哈尔市昂昂溪区榆树屯	1610033	干校

省名	校名	校址	邮政编码	类别
黑龙江省	牡丹江市公安干部学校	黑龙江省牡丹江市铁岭河镇	157014	干校
	佳木斯市公安干部学校	黑龙江省佳木斯市前进区光华路南端	154007	干校
	双鸭山市公安干部学校	黑龙江省双鸭山市兴山区	155111	干校
	鹤岗市公安干部学校	黑龙江省鹤岗市兴山区	154105	干校
	伊春公安局公安干校	黑龙江省伊春市公安局	153000	干校
	七台河市公安干部学校	黑龙江省七台河市新兴区	154603	干校
	大兴安岭地区公安干部学校	黑龙江省大兴安岭地区加格达奇区	165000	干校
	绥化地区公安干校	黑龙江省绥化市北工西路	152054	干校

资料来源：王丁旺编：《公安学文献参考书目》，群众出版社1991年版，第522-546页。

附表3　警察教育法规统计略表

名称	起始页码	文献来源
政务处议覆鸿胪寺少卿毓朗奏办理警察先用旗丁试办片	5	上海商务印书馆编译所编纂：《大清新法令（1901—1911）》点校本第三卷，商务印书馆2010年版
政务处兵部会奏议覆裁撤绿营一律改为巡警折	6	
民政部奏拟各省巡警学堂章程折并清单	26	
民政部会奏酌拟巡警学堂教授管理各员奖励办法折	355	上海商务印书馆编译所编纂：《大清新法令（1901—1911）》点校本第九卷，商务印书馆2010年版
民政部奏酌定高等巡警学堂章程折并章程	2	上海商务印书馆编译所编纂：《大清新法令（1901—1911）》点校本第十卷，商务印书馆2010年版
民政部奏申明巡警学堂人员奖励办法折	432	
政务处兵部会奏议覆裁撤绿营一律改为巡警折	1003	《大清法规大全》卷三，考正出版社1972年版
民政部奏请通饬各省酌裁民壮募练巡警折	1004	

续表

名称	起始页码	文献来源
巡警官考试章程（一九一二年二月）	191	蔡鸿源主编：《民国法规集成》第3册，黄山书社1999年版
内务部警务学校及教练所章程（一九一二年二月二十五日）	89	蔡鸿源主编：《民国法规集成》第5册，黄山书社1999年版/《临时政府公报》，第54号
内务部警务学校章程（一九一二年三月七日）	92	蔡鸿源主编：《民国法规集成》第5册，黄山书社1999年版
警察学校组织令（二年三月二日）	37	蔡鸿源主编：《民国法规集成》第14册，黄山书社1999年版
警察学校教务令（二年一月六日）	39	
地方警察传习所章程（四年一月二十五日）	42	
地方警察传习所学员毕业分发办法（民国五年十二月二十七日公布，六年一月六日登政府公报）	58	蔡鸿源主编：《民国法规集成》第12册，黄山书社1999年版
各省警察传习所章程（五年十一月三十日）	45	蔡鸿源主编：《民国法规集成》第14册，黄山书社1999年版
京师警察厅巡官巡长讲习所章程	50	
京师警察厅募警讲习所章程	53	
京师警察厅巡警教练所章程	55	
京师警察厅招募巡警条例	60	
地方警察传习所学员毕业奖励规则（民国六年一月九日程准 一月十二日登政府公报）	131	蔡鸿源主编：《民国法规集成》第12册，黄山书社1999年版
警官高等学校章程（中华民国六年二月二十二日呈准 二月二十五日登政府公报）	288	蔡鸿源主编：《民国法规集成》第14册，黄山书社1999年版
警官高等学校入学试验规则（中华民国六年三月五日内务部令公布 三月九日登政府公报）	290	
内务部订定调查警察毕业学生办法 附表式（中华民国六年十月六日内务部咨行 十月十三日登政府公报）	305	
巡警教练所章程（民国六年十一月一日内务部咨行 十一月九日登政府公报）	313页	

名称	起始页码	文献来源
尊重巡警品格办法（民国六年十月十八日内务部咨行十月二十九日登政府公报）	308	蔡鸿源主编：《民国法规集成》第14册，黄山书社1999年版
招募巡警章程（民国六年十一月一日内务部咨行 十一月九日登政府公报）	309	
内务部拟定各省警察传习所毕业后推行办法（民国七年七月十三日呈准 七月十七日登政府公报）	323	
《各省警察传习所毕业后推行办法》（1918年）		《政府公报》1918年第890期
中央警官学校组织条例（三十五年三月十四日）	141	蔡鸿源主编：《民国法规集成》第36册，黄山书社1999年版
中央警官学校组织规程（二十五年十二月二十一日）	43	蔡鸿源主编：《民国法规集成》第40册，黄山书社1999年版
警官高等学校规程（二十五年五月）	45	
警官高等学校考试委员会章程（十八年十一月十九日）	47	
警官高等学校学员提交毕业论文办法（二十三年十月十九日）	48	
警官高等学校毕业学员分发实习章程（二十二年七月）	49	
警官高等学校毕业学员分发实习纲要（二十二年十一月十一日）	50	
警官学校章程（二十一年五月）	51	
警官补习班规程（二十四年十一月二十五日）	52	
长警补习所章程（二十年三月三十日）	54	
警士警长教育规程（二十四年十一月二十五日）	55	
警士教练所章程（二十一年五月二十四日）	59	
中央警官学校组织条例（二十七年十一月十六日）	81	蔡鸿源主编：《民国法规集成》第41册，黄山书社1999年版

续表

名称	起始页码	文献来源
高等考试警察行政人员考试规则（二十四八月五日）	552	蔡鸿源主编：《民国法规集成》第67册，黄山书社1999年版
普通考试警察行政人员考试规则（二十四年九月三日）	32	
考试院警察学术考课规则（三十二年一月五日）	249	蔡鸿源主编：《民国法规集成》第68册，黄山书社1999年版
普通考试警察行政考试及格人员学习规则（二十二年九月二十七日）	266	
中央警察学校官制（一九三二年六月十一日）	2页	蔡鸿源主编：《民国法规集成》第76册，黄山书社1999年版
地方警察学校官制（一九三五年七月三十日）	177	蔡鸿源主编：《民国法规集成》第73册，黄山书社1999年版
筹办警务传习所拟就章程	134	中央研究院近代史研究所编：《中日关系史料·东北问题》第1册，中央研究院近代史研究所1989年版

参考文献

辽宁省档案馆藏《奉天省长公署档案》

[1] 为公布高等考试警察行政人员考试条例事[A]. JC10-01-000337.

[2] 绥中县警察事项调查表[A]. JC10-01-000830.

[3] 省城警察厅筹议奉省警察应行改良意见[A]. JC10-01-001124.

[4] 为辽宁省各级警察教育机关办理情形事[A]. JC10-01-001165.

[5] 警务处呈报辽宁警官高等学校自创始（光绪三十四年）逐年毕业学员班次
    人数统计表民国二十年函科学员名单[A]. JC10-01-001169.

[6] 奉天知府邓嘉缜试署巡警道所遗知府一缺由管凤和继任并到任日期各情形
    [A]. JC10-01-013377.

[7] 省会公安局添设警察教练所[A]. JC10-01-018607.

资料汇编

[1] 步平，郭蕴深，张宗海，等. 东北国际约章汇释[M]. 哈尔滨：黑龙江人民出
    版社，1987.

[2] 蔡鸿源. 民国法规集成[M]. 合肥：黄山出版社，1999.

[3] 政学社. 大清法规大全[M]. 台北：考正出版社，1972.

[4] 奉天省公署警务厅刊行. 奉天省警务辑览[M]. 沈阳：奉天省警察公署刊行，
    1932.

[5] 故宫博物院明清档案部. 清末筹备立宪档案史料[M]. 北京：中华书局，1979.

[6] （清）甘厚慈辑，罗树伟点校.北洋公牍类纂正续编[M].天津：天津古籍出版社，2013.

[7] 贺培新.徐世昌年谱[M]//中国社会科学院近代史研究所近代史资料编辑部编.近代史资料：第69、70、85号.北京：知识产权出版社，2006.

[8] 辽宁档案馆.奉系军阀档案史料汇编[M].南京：江苏古籍出版社，香港：香港地平线出版社，1990.

[9] 璩鑫圭，唐良炎.中国近代教育史资料汇编·学制演变[M].上海：上海教育出版社，1991.

[10] 吉林省图书馆伪满洲国史料编委会.伪满洲国史料[M].北京：全国图书馆文献缩微复制中心，2002.

[11] 潘懋元，刘海峰.中国近代教育史资料汇编·高等教育[M].上海：上海教育出版社，1993.

[12] 舒新成.中国近代教育史资料[M].北京：人民教育出版社，1981.

[13] 天津市历史博物馆.北洋军阀史料·徐世昌卷[M].天津：天津古籍出版社，1996.

[14] 夏东元.郑观应集[M].上海：上海人民出版社，1982.

[15] 解学诗，苏崇民.满铁档案资料汇编[M].北京：社会科学文献出版社，2011.

[16] 武强.东北沦陷十四年教育史料[M].长春：吉林教育出版社，1989.

[17] 朱寿朋.光绪朝东华录[M].北京：中华书局，1984.

[18] 朱有瓛，戚名琇，钱曼倩，等.中国近代教育史资料汇编·教育行政机构及教育团体[M].上海：上海教育出版社，1993.

[19] 中国边疆史地研究中心，辽宁省档案馆.东北边疆档案选辑：清代·民国[M].桂林：广西师范大学出版社，2007.

[20] 赵志飞.中国晚清警事大辑[M].武汉：武汉出版社，2014.

方志、政书

[1] 白纯义修，于凤桐纂. 辉南县志[M]. 台北：成文出版社有限公司印行，1974.

[2] 白永贞修纂. 海龙县志[M]//中国地方志集成·吉林府县志辑：第6册，南京：凤凰出版社，上海：上海书店，成都：巴蜀书社，2006.

[3] 程廷恒修，黎镜蓉纂. 抚顺县志略[M]//中国地方志集成·辽宁府县志辑：第10册，南京：凤凰出版社，上海：上海书店，成都：巴蜀书社，2006.

[4] 程廷恒修，张素纂. 复县志略[M]. 台北：成文出版社有限公司印行，1974.

[5] 程道元修，续文金纂. 昌图县志[M]. 台北：成文出版社有限公司，1974.

[6] 陈艺修，蒋益龄、郑沛纶纂. 铁岭县志[M]//中国地方志集成·辽宁府县志辑：第11册，南京：凤凰出版社，上海：上海书店，成都：巴蜀书社，2006.

[7] 东北文化社年鉴编印处. 东北年鉴[M]//张研、孙燕京主编. 民国史料丛刊：第989册，郑州：大象出版社，2009.

[8] 恩麟修，杨荫芳纂. 兴城县志[M]//中国地方志集成·辽宁府县志辑：第21册，南京：凤凰出版社，上海：上海书店，成都：巴蜀书社，2006.

[9] 管凤和. 新民府志[M]. 台北：成文出版社有限公司，1974.

[10] 黄世芳修，陈德懿纂. 铁岭县志[M]//中国地方志集成·辽宁府县志辑：第11册，南京：凤凰出版社，上海：上海书店，成都：巴蜀书社，2006.

[11] 侯锡爵修，罗明述纂. 桓仁县志[M]. 台北：成文出版社有限公司印行，1974.

[12] 洪汝仲修. 昌图府志[M]//中国地方志集成·辽宁府县志辑：第10册，南京：凤凰出版社，上海：上海书店，成都：巴蜀书社，2006.

[13] 海龙府劝学所同人编辑. 海龙府乡土志[M]//中国地方志集成·吉林府县志辑：第6册，南京：凤凰出版社，上海：上海书店，成都：巴蜀书社，2006.

[14] 建平县志[M]//中国地方志集成·辽宁府县志辑：第22册，南京：凤凰出版社，上海：上海书店，成都：巴蜀书社，2006.

[15] 蒋国铨纂修.奉天省洮安县志书[M]//中国地方志集成·吉林府县志辑：第9册，上海：上海书店，成都：巴蜀书社，2006.

[16] 李廷玉，傅疆撰.奉天边务辑要[M]//沈云龙主编.近代中国史料丛刊续编：第52辑，台北：文海出版社，1978.

[17] 梨树县志略[M]//中国地方志集成·吉林府县志辑：第9册，南京：凤凰出版社，上海：上海书店，成都：巴蜀书社，2006.

[18] 辽源县乡土志书[M]//中国地方志集成·吉林府县志辑：第8册，南京：凤凰出版社，上海：上海书店，成都：巴蜀书社，2006.

[19] 刘天成修，张拱垣纂.辑安县志[M].台北：成文出版社有限公司印行，1974.

[20] 廖彭修，宋抡元纂.庄河县志[M].台北：成文出版社有限公司印行，1974.

[21] 李毅修，王毓琪纂.开原县志[M].台北：成文出版社有限公司印行，1974.

[22] 林忠.开通县乡土志[M]//中国地方志集成·吉林府县志辑：第9册，南京：凤凰出版社，上海：上海书店，成都：巴蜀书社，2006.

[23] 李春雨修，邵芳龄纂.通化县志[M]//中国地方志集成·吉林府县志辑：第4册，南京：凤凰出版社，上海：上海书店，成都：巴蜀书社，2006.

[24] 裴焕星修，白永真纂.辽阳县志[M].台北：成文出版社有限公司印行，1974.

[25] 曲廉本修，李溶、范大全等纂.梨树县志[M]//中国地方志集成·吉林府县志辑：第9册，南京：凤凰出版社，上海：上海书店，成都：巴蜀书社，2006.

[26] 石秀峰修，王郁云纂.盖平县志[M].台北：成文出版社有限公司印行，1974.

[27] 孙维善修，王绍武纂.台安县志[M].台北：成文出版社有限公司印行，1974.

[28] 文镒修，范炳勋纂.绥中县志[M]//中国地方志集成·辽宁府县志辑：第23册，南京：凤凰出版社，上海：上海书店，成都：巴蜀书社，2006.

[29] 沈国冕修，苏民纂.兴京县志[M].台北：成文出版社有限公司印行，1974.

[30] 沈国冕修，湖溪午、蔡运宸纂.凤城县志[M]//中国地方志集成·辽宁府县志辑：第14册，南京：凤凰出版社，上海：上海书店，成都：巴蜀书社，2006.

[31] 廷瑞修，张辅相纂.海城县志[M]//中国地方志集成·辽宁府县志辑：第5、6、7、8册，南京：凤凰出版社，上海：上海书店，成都：巴蜀书社，2006.

[32] 王树楠，吴廷燮，金毓黻等纂.奉天通志[M].沈阳：沈阳古旧书店发行，1983.

[33] 王介公修，于云峰纂.安东县志[M].台北：成文出版社有限公司印行，1974.

[34] 王宝善修，张博惠辑.新民县志[M].台北：成文出版社有限公司印行，1974.

[35] 王文璞修，吕中清纂.北镇县志[M].台北：成文出版社有限公司印行，1974.

[36] 王文藻修，陆善格纂.锦县志[M].台北：成文出版社有限公司印行，1974.

[37] 王永恩修，王春鹏纂.海龙县志[M]//中国地方志集成·吉林府县志辑：第6册，南京：凤凰出版社，上海：上海书店，成都：巴蜀书社，2006.

[38] 邢麟章修，李耦纂.东丰县志[M]//中国地方志集成·吉林府县志辑：第10册，南京：凤凰出版社，上海：上海书店，成都：巴蜀书社，2006.

[39] 徐维淮修，李植嘉纂.辽中县志[M].台北：成文出版社有限公司印行，1974.

[40] 徐世昌.东三省政略[M].沈阳：社会科学院影印本，1989.

[41] 杨宇齐修，张嗣良纂.铁岭县续志[M].台北：成文出版社有限公司印行，1974.

[42] 赵恭寅修，曾有翼纂.沈阳县志[M].台北：成文出版社有限公司印行，1974.

[43] 张元俊，车焕文纂.抚松县志[M].台北：成文出版社有限公司印行，1974.

[44] 赵兴德修，王鹤龄纂.义县志[M].台北：成文出版社有限公司印行，1974.

[45] 张鉴唐修，郭抱一纂.锦西县志[M]//中国地方志集成·辽宁府县志辑：第22册，南京：凤凰出版社，上海：上海书店，成都：巴蜀书社，2006.

[46] 大连市史志办公室.大连市志·公安志[M].北京：方志出版社，2004.

[47] 辽宁省地方志编纂委员会办公室.辽宁省志·司法行政志[M].沈阳：辽宁科学技术出版社，1999.

[48] 辽宁省地方志编纂委员会办公室.辽宁省志·民政志[M].沈阳：辽宁科学技术出版社，1999.

[49] 辽宁省地方志编纂委员会办公室.辽宁省志·公安志[M].沈阳：辽宁科学技术出版社，1999.

[50] 黑龙江省地方志编纂委员会.黑龙江省志·公安志[M].哈尔滨：黑龙江人民出版社，2001.

[51] 周铁铮.朝阳县志[M].沈阳：辽宁民族出版社，1999.

[52] 张忠耀.长春市志·公安志[M].长春：吉林人民出版社，2000.

[53] 吉林市地方志编纂委员会编.吉林市志·公安志[M].长春：吉林文史出版社，1992.

[54] 吉林省地方志编纂委员会.吉林省志·公安志[M].长春：吉林人民出版社，1998.

报纸、杂志

[1] 菊池贞二：《盛京时报》，奉天：盛京时报社、南满铁道株式会社发行，1906.

[2] 都督府秘书厅礼学股编辑：《奉天公报》，奉天：奉天度支司衙门发行，1912.

[3] 都督府秘书厅礼学股编辑：《辽宁省政府公报》，奉天：奉天度支司衙门

发行，1930.

[4] 苏继顾编辑：《东方杂志》，上海：东方杂志社出版，1904.

[5] 辽宁省公安管理处：《公安周刊》，辽宁：辽宁省公安管理处出版，1929.

[6] 辽宁全省警务处周刊部：《警务周刊》，辽宁：辽宁全省警务处周刊部发行，1931.

[7] 《辽宁警官高等学校校刊》，沈阳：辽宁警官高等学校，1931.

[8] 警察月刊社编辑：《警察月刊》，上海：警察月刊社发行，1933.

著作

[1] 陈允文. 中国的警察[M]. 北京：商务印书馆，1935.

[2] 李士珍. 警察行政研究[M]. 北京：商务印书馆，1947.

[3] 李士珍. 警察行政之理论与实际[M]. 南京：中华警察学术研究社，1948.

[4] 郭宗莆. 中国警察法[M]. 重庆：警学编译社，1947.

[5] 马鸿儒. 警察权之研究[M]. 武汉：大公报汉口分馆，1935.

[6] 阮光铭. 警政概论[M]. 上海：商务印书馆，1931.

[7] 徐淘. 警察学纲要[M]. 上海：广益书局，1928.

[8] 于珍. 奉天全省警甲报告书[M]. 沈阳：奉天作新印刷局，1925.

[9] 余秀豪. 现代警察行政[M]. 上海：中华书局，1948.

[10] 余秀豪. 警察学大纲[M]. 上海：商务印书馆，1946.

[11] 张荫荃. 东北与日本[M]//张研、孙燕京主编. 民国史料丛刊：第224册. 郑州：大象出版社，2009.

[12] 刘祁宪. 公安教育学[M]. 北京：警官教育出版社，1998.

[13] 安政. 中国警察制度研究[M]. 北京：中国检察出版社，2009.

[14] 蔡诚. 公安学概论[M]. 北京：公安大学出版社，1985.

[15] 陈寒松. 警察行政[M]. 台北：三民书局股份有限公司，1987.

[16] 陈立中. 警察行政法[M]. 台北：裕文企业有限公司，1991.

[17] 董纯朴. 中国警察教育史论[M]. 长春：吉林文史出版社，2007.

[18] 董纯朴. 中国警察史[M]. 长春：吉林人民出版社，2005.

[19] 丁芮著，王先明丛书主编. 管理北京：北洋政府时期京师警察厅研究[M]. 太原：山西人民出版社，太原：山西经济出版社，2013.

[20] 常城. 东北近现代史纲[M]. 长春：东北师范大学出版社，1987.

[21] 韩延龙，苏亦工. 中国近代警察史[M]. 北京：社会科学文献出版社，2000.

[22] 黄晋祥，邹丽霞. 晚清的警政[M]. 北京：群言出版社，2005.

[23] 林维业. 中国警察史[M]. 沈阳：辽宁人民出版社，1993.

[24] 刘祁宪. 公安教育学[M]. 北京：警官教育出版社，1998.

[25] 廖正康. 现代警察研究：21世纪视野中的警察问题[M]. 成都：四川人民出版社，2006.

[26] 柳卫民. 警察教育若干问题研究[M]. 武汉：武汉出版社，2007.

[27] 毛志斌. 拓荒与建构：为当代中国警学奠基[M]. 北京：中国人民公安大学出版社，2011.

[28] 毛礼锐，沈灌群. 中国教育通史[M]. 济南：山东教育出版社，1985.

[29] 满洲国治安部警务司. 满洲国警察史[M]. 吉林省公安厅公安史研究室，东北沦陷十四年史吉林编写组内部出版，1990.

[30] 齐红深. 东北地方教育史[M]. 沈阳：辽宁大学出版社，1992.

[31] 曲小范. 近代东北城市的历史变迁[M]. 长春：东北师范大学出版社，2001.

[32] 宋恩荣. 日本侵华教育全史（东北卷）[M]. 北京：人民教育出版社，2005.

[33] 施峥. 中国近代警察教育研究[M]. 杭州：浙江人民出版社，2015.

[34] 王家俭. 清末民初我国警察制度现代化的历程[M]. 台北：商务印书馆，1984.

[35] 王魁喜. 近代东北史[M]. 哈尔滨：黑龙江人民出版社，1984.

[36] 王承礼. 中国东北沦陷十四年史纲要[M]. 北京：中国大百科全书出版社，1991.

[37] 王野平主编. 东北沦陷十四年教育史[M]. 长春：吉林教育出版社，1989.

[38] 万川主编. 中国警政史[M]. 北京：中华书局，2006.

[39] 王智军. 警察的政治属性[M]. 北京：社会科学文献出版社，2009.

[40] 徐天合. 新时期警察教育培训探索[M]. 上海大学出版社，2014.

[41] 周章琪. 现代警务与警察教育[M]. 武汉：湖北人民出版社，2003.

[42] 赵志飞. 中国晚清警事大辑：第1辑[M]. 武汉：武汉出版社，2014.

[43] 郑晓均. 警察行政研究[M]. 北京：知识产权出版社，2017.

[44] 朱诚如. 辽宁通史：第5卷[M]. 沈阳：辽宁民族出版社，2009.

[45] [美] 塞缪尔·P. 亨廷顿. 变化社会中的政治秩序[M]. 王冠华，刘为，译. 上海：上海人民出版社，2021.

[46] [美] 魏斐德. 上海警察1927—1937[M]. 章红，陈雁，译. 上海：上海古籍出版社，2003.

[47] [美] 魏斐德. 上海歹土：战时恐怖活动与城市犯罪1937—1941[M]. 芮传明，译. 北京：人民出版社，2011.

[48] [美] 詹姆斯·克里斯. 社会控制[M]. 纳雪沙，译. 北京：电子工业出版社，2012.

[49] [日] 松井茂. 警察学纲要[M]. 吴石，译，北京：中国政法大学出版社，2004.

[50] [英] 杜格尔德·克里斯蒂著，伊泽·英格利斯编. 奉天三十年（1883—1913）——杜格尔德·克里斯蒂的经历与回忆[M]. 张士尊，信丹娜，译. 武汉：湖北人民出版社，2007.

日文著作与资料

[1] 南満洲鉄道株式会社総務部事務局調査課編. 南満地方支那警察制度. 本編 [M]. 南満洲鉄道総務部事務局調査課，大正7年.

[2] 南満洲鉄道株式会社総務部事務局調査課編. 南満地方支那警察制度. 附録 [M]. 南満洲鉄道総務部事務局調査課，大正7年.

[3] 関東庁警務局. 警察統計書 昭和6年[M]. 1933.

期刊论文

[1] 陈兰英. 近代中国警察教育法制之嬗变[J]. 学术探索，2019(02).

[2] 常兆儒，俞鹿年. 中国警察制度史初探[J]. 学习与探索，1983(02).

[3] 蔡开松. 湖南保卫局述论[J]. 近代史研究，1990(01).

[4] 杜育群，刘辉雄. 海峡两岸警察职业教育比较研究[J]. 公安教育，2013(01).

[5] 董纯朴. 民国水上警察制度考略[J]. 黑龙江史志，2009(04).

[6] 龚维秀，郝骥. 李士珍警察教育思想探析[J]. 江苏警官学院学报，2008(03).

[7] 韩浩，范瑛. 探源国民党统治时期我国警察教育的历史特色[J]. 兰台世界，2015(01).

[8] 黄霞. 略论近代四川警察教育[J]. 四川警察学院学报，2009(05).

[9] 黄晋祥. 论清末警政演变的历史轨迹[J]. 社会科学家，1997(02).

[10] 惠新宇，何亮坤. 中美警察教育培训比较分析：论近代以来我国警察教育培训改革与发展的启示[J]. 四川警官高等专科学校学报，2006(02).

[11] 冷琪雯，高翔. 近代云南警察教育概说[J]. 云南警官学院学报，2019(01).

[12] 柳卫民. 中国近代警察教育立法之倒退：日本侵华时期沦陷区的警察教育立法[J]. 湖北警官学院学报，2012(05).

[13] 柳卫民. 清末警察教育立法：中国近代警察教育法的奠基[J]. 文教资料，2012(04).

[14] 柳卫民，沈国红. 近代警察教育立法之发展：南京国民政府时期警察教育立法[J]. 理工高教研究，2010(02).

[15] 柳卫民. 南京临时政府警察教育立法：中国近代警察教育法的转型[J]. 科技风，2008(11).

[16] 柳卫民. 丁振铎警察教育思想述评[J]. 文教资料，2012(17).

[17] 柳卫民. 试论张之洞的警察教育思想[J]. 湖北警官学院学报，2005(04).

[18] 柳卫民. 徐世昌警察教育思想探析[J]. 湖北警官学院学报，2011(01).

[19] 柳卫民. 试论张謇的警察教育思想[J]. 湖北警官学院学报，2010(02).

[20] 柳卫民. 试论黄遵宪警察教育思想[J]. 中国电力教育，2010(03).

[21] 柳卫民. 岑春煊警察教育思想述评[J]. 教育教学论坛，2010(14).

[22] 柳卫民. 李士珍警察教育思想述论[J]. 中国电力教育，2010(10).

[23] 刘锦涛，王香莲. 清末警察教育改革的历史评析：以制度创建与人才培养为视角[J]. 上海公安高等专科学校学报，2012(02).

[24] 刘崇奎. 略论清末的警察教育[J]. 江苏警官学院学报，2014(06).

[25] 刘增合. 鸦片税收与清末警政改革[J]. 江苏社会科学，2004(04).

[26] 李宁. 略论促成清政府建立近代警察制度的主要原因[J]. 河北法学，2004(01).

[27] 刘锦涛. 袁世凯警政思想初探[J]. 历史档案，2008(04).

[28] 刘锦涛. 论清末创建近代警察制度的历史功效[J]. 兰台世界，2011(13).

[29] 李皓. 浅析盛京将军赵尔巽的奉天警务改革[J]. 社会科学辑刊，2008(06).

[30] 孟庆超. 论近代中国警察权力的程序化[J]. 云南大学学报法学版，2005(06).

[31] 孟庆超，牛爱菊. 试论近代中国警政遭遇的经济困惑[J]. 山东警察学院学报，2005(01).

[32] 孟庆超，王志宇，祁俊远. 近代中国警察教育的职业化及其反思[J]. 湖北警官学院学报，2006(01).

[33] 孟庆超，宫淑艳. 近代中国警察教育之探索[J]. 山东警察学院学报，2005(05).

[34] 孟庆超，牛爱菊. 近代中国警察教育的建立与发展历程[J]. 北京人民警察学院学报，2006(05).

[35] 孟庆超，牛爱菊. 论近代中国警察教育的统一及层次化[J]. 铁道警官高等专科学校学报，2006(03).

[36] 苏全有. 徐世昌与中国军、警近代化[J]. 福建论坛，1996(03).

[37] 施峥. 近代警察教育的两大基本类型及其对华影响[J]. 台州学院学报，2015(01).

[38] 施峥. 中国警察教育近代化历程中的"东仿西效"及其启示[J]. 江苏警官学院学报，2015(04).

[39] 施峥. 清末回收中央警察教育权始末[J]. 兰台世界，2015(16).

[40] 施峥. 中国近代女子警察教育的兴起[J]. 丽水学院学报，2015(01).

[41] 施峥. "东仿西效"对中国近代警察教育的影响：以浙江省警官学校为例[J]. 浙江档案，2015(05).

[42] 孙静. 南京国民政府时期地方警察教育探析[J]. 兰台世界，2013(07).

[43] 孙静. 近代中国社会转型与警政改革视阈下的女子警察[J]. 妇女研究论丛，2014(03).

[44] 王楠. 民国警务教育制度分析及借鉴[J]. 学理论，2016(10).

[45] 王小光. 论清末的警察教育[J]. 江苏警官学院学报，2010(01).

[46] 王丽英. 中国近代女子警察制度[J]. 内蒙古民族师院学报（哲学社会科学汉文版），1999(01).

[47] 王运红. 关于中国近代警察教育起源于保定的历史考证[J]. 兰台世界，2008(21).

[48] 王春梅. 中国警察职业专业化发展研究[J]. 警察实战训练研究，2012(01).

[49] 蔚建鹏，白莎莎. 论清末新政时期的警察教育与警察学[J]. 郑州航空工业管理学院学报（社会科学版），2015(02).

[50] 肖凝. 近代东北地区警政发展考略[J]. 江苏警官学院学报，2016(02).

[51] 肖朗，施峥. 日本教习与京师警务学堂[J]. 近代史研究，2004(05).

[52] 肖朗，施峥. 中国近代高等警察教育综论[J]. 浙江大学学报（人文社会科学版），2007(01).

[53] 夏菲. 论清末我国对西方警察制度的移植[J]. 新疆警官高等专科学校学报，2008(04).

[54] 夏敏. 北洋政府时期的地方警政建设[J]. 江苏警官学院学报，2003(06).

[55] 夏敏. 川岛浪速与晚清警政建设[J]. 政法学刊，2007(01).

[56] 徐乃龙. 中国近代警察高等教育述论[J]. 公安教育，2003(12).

[57] 袁小红. 黄遵宪警政思想述略[J]. 公安大学学报，1999(01).

[58] 鄢定友，郝骥. 清末巡警部创建的历史考察[J]. 湖北警官学院学报，2007(06).

[59] 袁广林. 中国近代警察教育的滥觞：京师警务学堂[J]. 公安教育，2006(07).

[60] 杨玉环. 论中国近代警察制度的形成[J]. 社会科学辑刊，2006(02).

[61] 邹俊杰. 试论近代湖北警察留学教育之滥觞[J]. 江苏警官学院学报，2018(05).

[62] 曾贞. 清末民初时期广西警察教育研究[J]. 广西警察学院学报，2019(01).

[63] 朱淑君. 善政与控驭：赵尔巽与清末奉天警政改革[J]. 学术探索，2018(10).

[64] 曾代伟，李秉祥. 论南京国民政府的战时警察教育制度[J]. 河南社会科学，2015(11).

[65] 赵卫宾. 清末民国时期新疆警察教育述论[J]. 昌吉学院学报，2015(02).

学位论文

[1] 金泽璟. 清末东北奉天警察制度研究[D]. 北京：北京师范大学，2006.

[2] 张利荣. 清末民初甘肃的警政建设[D]. 广州：暨南大学，2007.

[3] 吴沙. 广州警察制度研究[D]. 广州：中山大学，2009.

[4] 王越天. 北洋政府时期警察传习所研究[D]. 长春：东北师范大学，2021.

后　记

　　时光如水，岁月如梭，博士毕业已近5载。在这平凡又有些平庸的日子里，慢慢懈怠，以完成最低教学和科研任务为度，现在想来，真是羞愧。这本小书写作完成，为这段时光注入一丝活力，聊以慰藉。此书选题源于2019年辽宁省教育厅青年项目"辽宁警察教育研究（1901—1945）"，而这个项目选题源于博士学位论文中关于辽宁警察行政中的教育考察。从立项开始，将博士论文中的警察教育部分进行修改，曾发表了《略论晚清奉天省警察教育》一文，也做了其他相关方面的研究，出版的成果却寥寥无几，其间也开始进行结题报告的书写，但一直未能完整呈现。

　　2022年，渤海大学国家安全研究院计划出版渤海系列丛书，有幸成为其中的一名作者，有机会将这本小书进行全面修改、完善。但因个人能力、水平限制，史料收集不全、解读不到位或错误、认识上有偏差等情况在所难免，本书难免有错漏，望学界前辈、同仁不吝赐教，我会虚心接受，以提升自己的水平。

　　本书的出版，得到渤海大学国家安全研究院的支持、资助。特别感谢赵晖校长、崔向东院长、李凤营处长等领导和审读专家对我个人学术研究的支持与关怀。

　　博士导师王老师、硕士导师焦老师指引我的求学与科研之路，为我的人生助力良多，是我学习的榜样，是我敬佩并爱戴的"亲人"，师恩难忘！

　　渤海大学历史文化学院的领导与老师，渤海大学信息科学与技术学院、马克思主义学院、法学院、外国语学院等部分领导和老师，在不同时期以各种方式给予我帮助与关怀，一直未能回报，唯有默默送上祝福。

想要感谢的人太多，从领导到同事，从师友到学生，从父母到弟妹、子侄，愿幸福与安康与你们相伴，愿美好与快乐与你们相随！

最后，将这本书特别献给我的爱子，望他快乐成长，学有所成！

王青

2023年10月30日